kochen & genießen Die besten Rezepte

Der Kinder-Kochclub

MOEWIG

Moewig ist ein Imprint der Edel Germany GmbH

www.moewig.de | www.edel.com
1. Auflage 2011

Redaktion kochen & genießen:
Götz Poggensee (Chefredaktion)

Redaktion dieser Ausgabe:
Tanja Dostal

Fotos:
Food & Foto, Hamburg:
S.9, 12, 14, 17, 20, 23, 27, 28, 31,34, 37, 38, 43, 44, 50, 53, 54, 59, 60, 63, 66, 68, 70,73 (98);
Photo Alto/I. Rozenbaum/F. Cirou:
S. 14, 20, 31, 38, 54, 60 (6);
Food Collection.com: S. 43, 44 (2)

Illustration:
Christina Kohlmus / ceekaycee.com

Layout und Satz:
Marion Müller, mal 3 / www.mal3-design.de

Druck und Bindung:
optimal media production GmbH, Röbel

Printed in Germany

ISBN 978-3-86803-465-3

Los Kinder, erobert die Küche!

Bindet Euch die Schürze um, schnappt Euch den Kochlöffel und dann nichts wie ran an die Töpfe! Kochen ist eigentlich ganz einfach – das werdet Ihr merken, wenn Ihr die Gerichte aus diesem Buch ausprobiert. Aber vor allem macht es Spaß! Am besten klappt's mit etwas Hilfe von Mama oder Papa, aber der Chefkoch in der Küche, der seid Ihr.

Auch das Essen soll natürlich Spaß machen. Deshalb haben wir darauf geachtet, dass die Rezepte schon beim Hinschauen Appetit machen. Das Bratwürstchen-Floß, der Fischstäbchen-Dino oder die Fußball-Pizza werden bestimmt zu Euren Leibgerichten. Ladet doch mal Eure Freunde ein und veranstaltet eine lustige Koch-Party. Oder schaut in unserem Kapitel „Gemüse-Hits“ nach, wie lecker gesundes Essen sein kann! Und alle Schleckermäulchen aufgepasst: Im Nachtisch- und Backkapitel läuft Euch schon beim Angucken der Fotos das Wasser im Mund zusammen.

Alle Rezepte wurden von Köchen in unserer Versuchsküche ausprobiert. Somit könnt Ihr sicher sein, dass sie auch wirklich gelingen.

Wir wünschen Euch viel Spaß beim Kochen und Backen
und einen guten Appetit!

Eure Redaktion
kochen & genießen

Suppen & Salate

Leckere Vitaminbomben, die schmecken!

Bunte Nudelsuppe

DIESE ZUTATEN BRAUCHST DU FÜR 4 PERSONEN

- 2 Eier
- 2 EL Milch
- Salz • Pfeffer • Muskat
- 2 mittelgroße Möhren
- 1 Kohlrabi (ca. 500 g)
- 1 Zwiebel
- 2 EL Öl
- 2 EL Gemüsebrühe
- 100 g Buchstabennudeln
- 3–4 Stiele Petersilie
- 150 g TK-Erbsen
- 4 kleine Wiener Würstchen (à ca. 50 g)
- 1 Gefrierbeutel (1 l Inhalt)
- Küchengarn

TIPP Wenn es mal schneller gehen soll, lass einfach den Eierstich weg und gib etwas mehr Nudeln in die Suppe.

1 Füll eine hohe Pfanne mit Wasser, lass es aufkochen. Verquirle für den Eierstich Eier und Milch kurz mit einem Schneebesen. Würze die Eiermasse mit Salz, Pfeffer und Muskat, füll sie in den Gefrierbeutel. Verschließ den Beutel so mit Küchengarn, dass kein Wasser hineinlaufen kann. Leg ihn in das kochende Wasser und lass die Eiermasse zugedeckt bei schwacher Hitze ca. 15 Minuten stocken.

2 Schäl und wasch Möhren und Kohlrabi. Halbiere die Möhren längs und schneid sie in Scheiben. Schneid den Kohlrabi in Würfel. Schäl die Zwiebel und schneid sie in feine Würfel. Heb den Eierstich aus dem Wasser und lass ihn abkühlen. Erhitze das Öl in einem großen Kochtopf. Dünste die Zwiebelwürfel darin glasig. Gieß gut 1 ¼ l Wasser dazu und lass es aufkochen. Rühre die Brühe hinein.

3 Gib die Möhrenscheiben und Kohlrabiwürfel in die kochende Brühe und lass alles zugedeckt ca. 2 Minuten köcheln. Schütte die Nudeln dazu, lass alles nochmals aufkochen und dann 6–8 Minuten weiterköcheln. Wasch inzwischen die Petersilie und hack sie fein. Gib dann die Erbsen zur Suppe und lass alles einmal aufkochen.

4 Schneid den Beutel mit dem Eierstich auf. Nimm den Eierstich heraus und schneid ihn in Würfel. Gib Eierstichwürfel und Würstchen in die Suppe und erhitze beides darin. Lass die Suppe aber nicht kochen, damit die Würstchen nicht platzen. Schmeck die Suppe mit Salz und Pfeffer ab und richte sie mit der gehackten Petersilie an.

SO VIEL ZEIT BRAUCHST DU:
ca. 45 Minuten

Tomatensuppe mit Hackbällchen

DIESE ZUTATEN BRAUCHST DU
FÜR 4 PERSONEN

- Salz
- 2 mittelgroße Möhren
- 1 kleine Zwiebel
- 1 Kochbeutel (ca. 125 g) Langkornreis
- 250 g gemischtes Hack
- 1 Ei
- 1 TL Tomatenmark
- 2 EL Paniermehl
- Pfeffer • Edelsüß-Paprika
- 2 EL Öl
- 2 Packungen (à 500 g) passierte Tomaten
- 1–2 TL Gemüsebrühe
- ½ Bund Schnittlauch
- Zucker

1 Koch 1 l Wasser und ½ TL Salz auf. Schäl die Möhren und die Zwiebel. Schneid die Zwiebel in feine Würfel. Wasch die Möhren, halbiere sie längs und schneid sie in Scheiben. Leg den Kochbeutel Reis ins kochende Wasser und gare den Reis zugedeckt bei schwacher Hitze 15–18 Minuten.

2 Gib Hack, Ei, Tomatenmark, Paniermehl, etwas Salz, Pfeffer und Paprika in eine Schüssel, verknete alles. Damit's nicht so klebt: Feuchte deine Hände mit kaltem Wasser an, forme Bällchen aus dem Hack. Erhitze Öl in einem Topf, brate die Hackbällchen darin unter Wenden ca. 5 Minuten.

3 Gib Zwiebel und Möhren zu den Hackbällchen, brate alles ca. 3 Minuten weiter. Rühre 1½ Tassen Wasser, passierte Tomaten und Brühe hinein. Lass alles aufkochen und dann zugedeckt ca. 12 Minuten köcheln. Wasch Schnittlauch, schüttel ihn trocken und schneid die Halme mit einer Schere in Röllchen.

4 Angel den Kochbeutel mit einem Kochlöffel-Stiel aus dem Wasser. Lass den Reis abtropfen und dann etwas abkühlen. Schmeck die Suppe mit Salz, Pfeffer und ½ TL Zucker ab. Reiß den Kochbeutel auf. Richte die Suppe mit Reis an und bestreue sie mit Schnittlauch.

SO VIEL ZEIT BRAUCHST DU:
ca. 50 Minuten

Kartoffelsuppe mit Würstchen-Schlange

DIESE ZUTATEN BRAUCHST DU FÜR 4 PERSONEN

- 750 g große Kartoffeln
- 1 große Möhre (ca. 100 g)
- 2 mittelgroße Zwiebeln
- 2 EL Öl
- 4 TL Gemüsebrühe
- 150 g TK-Erbsen
- 4 Puten-Würstchen „Wiener Art“ (à ca. 75 g)
- 8 Gewürznelken
- Salz • Pfeffer
- 4 Stiele Petersilie

1 Schäl die Kartoffeln, wasch und schneid sie in grobe Würfel. Schäl und wasch die Möhre und schneid 4 kleine Stücke für die „Zungen“ ab. Den Rest würfelst du klein. Schäl die Zwiebeln und würfel sie fein.

2 Erhitze das Öl in einem Kochtopf. Gib Kartoffeln, Möhre und Zwiebeln hinein und dünste sie unter Rühren an. Gieß 1 ¼ l Wasser dazu und rühre die Brühe ein. Koch alles auf und lass es bei mittlerer Hitze ca. 15 Minuten köcheln. Füge dann die Erbsen hinzu und lass alles weitere 5 Minuten köcheln.

3 Schneid die Oberseite der Würstchen mit einem scharfen Messer zickzackförmig ein. Stecke jeweils 2 Nelken als Augen und ein längliches Möhrenstückchen als Zunge in die Würstchenenden. Zerdrück das Gemüse in der Suppe leicht und schmeck sie mit Salz und Pfeffer ab.

4 Gib die Würstchen mit einer Schaumkelle vorsichtig in die Suppe und erhitze sie darin ca. 5 Minuten. Wasch die Petersilie und hack sie klein. Gib die Suppe in tiefe Teller und setze die Würstchen-Schlangen hinein. Bestreue alles mit Petersilie.

SO VIEL ZEIT BRAUCHST DU:
ca. 1 Stunde

Bunte Salatspieße „Raupe Nimmersatt"

DIESE ZUTATEN BRAUCHST DU FÜR 8 SPIESSE

- 400 g kleine Kartoffeln
- 1 kleine Salatgurke
- 8 Kirschtomaten
- 1 Kopfsalat
- 125 g Gouda (Stück)
- ca. ½ Bund Schnittlauch
- 24 Mini-Würstchen (Glas)
- etwas + 2–3 EL Mayonnaise (Tube)
- 150 g Vollmilch-Joghurt
- 1–2 EL Tomatenketchup
- Salz • Pfeffer
- 8 Holzspieße

TIPP Du hast nur Mayo im Glas? Füll einfach 1 EL in einen Gefrierbeutel, schneid unten eine kleine Ecke ab und verziere die Raupe damit.

1 Wasch die Kartoffeln und koch sie in Wasser zugedeckt ca. 15 Minuten. Putze und wasch die Gurke, die Tomaten und den Salat. Lass den Salat abtropfen und zupf ihn in mundgerechte Stücke. Schneid die Gurke in dicke Scheiben und den Käse in dicke Würfel.

2 Gieß die Kartoffeln in ein Sieb, schrecke sie mit kaltem Wasser ab. Lass sie ca. 10 Minuten abkühlen. Wasch den Schnittlauch, schneid ihn in kurze Stücke. Schäl die Kartoffeln, halbiere sie. Steck sie im Wechsel mit Würstchen, Käse und Gurke auf die Holzspieße. Steck zuletzt je 1 Tomate als Kopf darauf.

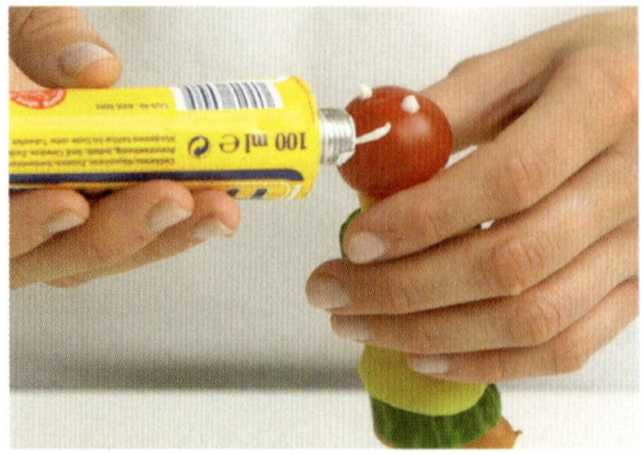

3 Spritz mit der Mayonnaise aus der Tube Augen und Mund auf die Tomaten. Verteile die Salatblätter auf einer Platte und leg die Raupen darauf.

4 Verrühre für die Salatsoße 2–3 EL Mayonnaise mit Joghurt und Ketchup. Schmeck sie mit Salz und Pfeffer ab. Gib etwas davon auf jede Raupe und steck die Schnittlauchhalme hinein oder streu sie darauf. Reiche die übrige Salatsoße dazu.

SO VIEL ZEIT BRAUCHST DU:
ca. 1 Stunde

Western-Salat mit Hähnchenkeulen

DIESE ZUTATEN BRAUCHST DU
FÜR 4 PERSONEN

- 8 Hähnchen-Unterkeulen
- 3 EL Öl
- Edelsüß-Paprika
- Salz • Pfeffer
- 1 Dose (212 ml) Maiskörner
- 1 Dose (425 ml) Kidneybohnen
- 1 Mini-Römersalat
- ½ Salatgurke
- 2 Tomaten
- 150 g Vollmilch-Joghurt
- 4 EL Tomatenketchup
- 4 EL Salat-Mayonnaise
- Zucker

TIPP Lust auf ein Picknick im Grünen? Dann ist dieser Salat genau das Richtige! Brate die Hähnchenkeulen und lass sie kalt werden. So schmecken sie auch sehr lecker und Du kannst sie prima mitnehmen.

1 Heize den Backofen vor: E-Herd: 200°C/Umluft: 175 °C/Gas: Stufe 3. Spüle dann die Hähnchenkeulen unter kaltem Wasser ab, tupf sie mit Küchenpapier trocken und leg sie in eine Fettpfanne oder auf ein Backblech.

2 Verrühre dann Öl, Paprikapulver, Salz und Pfeffer und streich die Hähnchenkeulen rundum damit ein. Schieb die Keulen in den heißen Backofen und brate sie anschließend ca. 35 Minuten.

3 Schütte inzwischen Mais und Kidneybohnen in ein Sieb, spül sie ab und lass sie abtropfen. Putze und wasch Salat, Gurke und Tomaten. Schneid den Salat in Streifen, Gurke und Tomaten in kleine Stücke.

4 Verrühre für die Salatsoße Joghurt, Ketchup und Mayonnaise in einer großen Schüssel. Schmeck sie mit Salz, Pfeffer und 1 Prise Zucker ab. Mische die ganzen Salatzutaten darunter. Verteile den Salat auf 4 Teller und leg je 2 knusprige Hähnchenkeulen darauf.

SO VIEL ZEIT BRAUCHST DU:
ca. 50 Minuten

Mit Fleisch & Wurst

Da greift jeder zweimal zu!

Piraten-Spieße mit Nudelsalat

DIESE ZUTATEN BRAUCHST DU FÜR 4 PERSONEN

- Salz • Pfeffer
- 2 große Paprikaschoten (z. B. gelb und rot)
- 200 g Gabelspaghetti
- 300 g Vollmilch-Joghurt
- 4 EL Salatcreme
- Zucker
- 1 Dose (425 ml) Maiskörner
- 100 g TK-Erbsen
- 16 Rostbratwürstchen
- 2 EL Öl
- 12 Holzspieße
- evtl. Petersilie zum Garnieren
- evtl. Fisch-Ausstechförmchen

TIPP Wenn du keine Fisch-Ausstechförmchen hast, kannst du die Haie auch einfach mit einem Messer ausschneiden. Lass dir dabei von Mama oder Papa helfen.

1 Koch gut 2 l Wasser und 1 TL Salz in einem großen Topf auf. Viertel, entkerne und wasch die Paprika. Schneid je 2 rote und gelbe Paprikastücke noch mal durch und steck sie als Segel auf 4 Spieße. Stich aus den restlichen Paprika mit einem Fisch-Ausstechförmchen je 4 gelbe und rote Haie aus.

2 Gib die Nudeln ins kochende Salzwasser und lass sie ca. 5 Minuten garen. Verrühre für die Salatsoße Joghurt und Salatcreme und schmeck sie mit Salz, Pfeffer und 1 Prise Zucker ab. Würfel die übrige Paprika. Lass den Mais in einem Sieb abtropfen. Verrühre Paprika und Mais mit der Soße. Gib die Erbsen zu den Nudeln und gare sie ca. 3 Minuten mit. Gieß die Nudeln in ein Sieb, schrecke sie kalt ab und lass sie abtropfen.

3 Mische Nudeln und Erbsen mit der Salatsoße und lass alles ca. 30 Minuten durchziehen. Steck in der Zwischenzeit je 4 Bratwürstchen mit 2 Holzspießen eng zu einem Floß zusammen.

4 Erhitze Öl in einer großen Pfanne und brate die Würstchenspieße darin von jeder Seite ca. 3 Minuten. Verteile den Nudelsalat auf 4 Teller. Steck ein Paprikasegel auf jedes Floß und richte sie auf dem Salat an. Garniere zum Schluss alles mit Petersilienblättchen und den Haifischen.

SO VIEL ZEIT BRAUCHST DU:
ca. 1 Stunde

Buletten-Paul mit Bubikopf

DIESE ZUTATEN BRAUCHST DU FÜR 4 PERSONEN

- 750 g Kartoffeln
- 1 Bund Möhren
- Salz
- 4 EL TK-Erbsen
- 1 kleine Zwiebel
- 250 g gemischtes Hack
- 2 EL Magerquark
- 1 EL Paniermehl
- Pfeffer • Edelsüß-Paprika
- 2 EL Öl
- ca. 150 ml Milch
- 2 EL Butter
- 1 Beet Bio-Gartenkresse
- Radieschen zum Garnieren

1 Schäl Kartoffeln und Möhren und wasch sie. Leg 4 lange Möhrenspitzen für die Nasen beiseite. Schneid alles andere in grobe Stücke. Koch beides in Salzwasser zugedeckt bei schwacher Hitze ca. 20 Minuten. Gare die Erbsen ca. 3 Minuten in wenig Salzwasser und lass sie abtropfen.

2 Schäl die Zwiebel, würfel sie klein. Verknete sie mit Hack, Quark und Paniermehl. Würze alles mit Salz, Pfeffer und Paprika. Forme aus der Hackmasse mit nassen Händen 8 Frikadellen. Erhitze das Öl in einer beschichteten Pfanne. Brate die Frikadellen darin von jeder Seite ca. 4 Minuten.

3 Gieß Kartoffeln und Möhren ab. Gib Milch und Butter dazu und stampf alles mit einem Kartoffelstampfer zu Püree. Schmeck es mit Salz und Pfeffer ab. Spül die Kresse ab und schneid sie mit einer Schere vom Beet.

4 Richte das Püree auf 4 Tellern an. Setze je 2 Frikadellen als Augen darauf. Beträufle sie mit etwas Bratfett. Verteile die Erbsen als Mund auf dem Gesicht. Drück die Kresse als Haare auf den Kopf und je 1 Möhrenspitze als Nase hinein. Garniere die Frikadellen mit Radieschenscheiben.

SO VIEL ZEIT BRAUCHST DU:
ca. 45 Minuten

Döner-Chips mit Pommes, Soße & Salat

DIESE ZUTATEN BRAUCHST DU FÜR 4 PERSONEN

- 1 kleine Zwiebel
- 400 g Schweineschnitzel
- 2 EL Öl • Salz • Pfeffer
- ½ TL Edelsüß-Paprika • 1 Möhre
- 1 Becher (400 g) Krautsalat
- ½ Beutel (750 g) TK-Pommes-Frites (für den Backofen)
- ½ Bund Schnittlauch
- 1 Becher (150 g) Joghurt
- 1 Mini-Römersalat
- Backpapier • evtl. 4 Papiertüten

1 Heize den Ofen vor: E-Herd: 200 °C/ Umluft: 175 °C/Gas: Stufe 3. Schäl die Zwiebel und würfel sie. Schneid das Fleisch in Streifen und mische es in einer Schüssel mit Zwiebel, Öl, Salz, Pfeffer und Paprika. Decke alles zu und lass es 20 Minuten abkühlen.

2 Schäl die Möhre und wasch sie. Raspel sie auf einer Reibe. Drück den Krautsalat aus und mische ihn mit den Möhren. Verteile die Pommes auf ein Backblech mit Backpapier. Backe sie 20 Minuten in der Mitte des Ofens.

3 Wasch inzwischen den Schnittlauch und schneid ihn mit einer Schere in Röllchen. Verrühre sie mit Joghurt und schmeck alles mit Salz und Pfeffer ab. Putze und wasch den Salat und schneid ihn in grobe Streifen.

4 Brate das Fleisch in einer heißen Pfanne unter Rühren 8–10 Minuten. Verteile Römer- und Krautsalat, Fleisch und Pommes in 4 Papiertüten. Gib den Dip als Klacks darauf.

SO VIEL ZEIT BRAUCHST DU:
ca. 35 Minuten

Spaghetti bolognese

DIESE ZUTATEN BRAUCHST DU FÜR 4 PERSONEN

- 2 Stangen Staudensellerie
- 2 Möhren
- 1 mittelgroße Zwiebel
- Salz • Pfeffer
- 1 EL Öl
- 400 g gemischtes Hack
- 1 Dose (850 ml) Tomaten
- ½ TL Gemüsebrühe
- 400–500 g Spaghetti
- evtl. geriebenen Parmesan oder Gouda zum Bestreuen

TIPP Wenn du es etwas deftiger haben möchtest, brate noch etwa 100 g Schinkenwürfel zusammen mit dem Hackfleisch an.

1 Putze den Staudensellerie. Schäl die Möhren und die Zwiebel. Schneid Staudensellerie, Möhren und Zwiebel in feine Würfel. Koch ca. 5 l Wasser mit 2 TL Salz in einem großen Kochtopf auf.

2 Erhitze das Öl in einem Kochtopf. Brate das Hack darin unter Rühren ca. 5 Minuten krümelig an. Würze es mit Salz und Pfeffer. Gib das klein geschnittene Gemüse dazu und brate es kurz mit.

3 Gieß die Dosentomaten mitsamt Saft zur Hackmasse und zerkleinere sie etwas mit einem Kochlöffel. Gib ⅛ l Wasser und Brühe dazu. Lass alles einmal aufkochen und dann bei schwacher Hitze ca. 10 Minuten köcheln. Rühre die Soße zwischendurch öfter um.

4 Gib die Nudeln ins kochende Salzwasser und koch sie ca. 8 Minuten (sieh bitte auch auf der Packung nach). Rühre sie dabei öfter um. Gieß sie in ein Sieb, lass sie abtropfen. Schmeck die Soße mit Salz und Pfeffer ab. Verteile die Nudeln auf vier Teller. Gib die Soße darüber und streu Parmesan darauf.

SO VIEL ZEIT BRAUCHST DU:
ca. 45 Minuten

Spinne Thekla mit Bratwurst

DIESE ZUTATEN BRAUCHST DU
FÜR 4 PERSONEN

- 750 g Kartoffeln
- Salz
- 600 g TK-Rahmspinat
- 1 Kirschtomate
- 2 Schnittlauchhalme
- 16 Nürnberger Rostbratwürstchen (à ca. 25 g)
- 1 TL Öl
- 150 ml Milch
- 1 EL Butter
- Muskat
- 8 Sonnenblumenkerne

TIPP Anstelle der Rostbratwürstchen kannst Du auch kleine Fleischwürstchen verwenden.

1 Schäl zuerst die Kartoffeln und wasch sie. Koch sie in Salzwasser zugedeckt ca. 20 Minuten. Gib den Spinat unaufgetaut in einen Topf und stell ihn auf den Herd. Erwärme den Spinat bei schwacher Hitze ca. 20 Minuten. Rühre ihn dabei öfter um, damit er nicht anbrennt.

2 Wasch die Tomate, viertel und entkerne sie. Wasch den Schnittlauch und schneid ihn in je 4 Stücke. Halbiere die Würstchen der Länge nach. Erhitze das Öl in einer großen Pfanne. Brate die Würstchen darin 3–4 Minuten. Wende sie dabei mehrmals.

3 Erwärme Milch und Butter im kleinen Topf. Gieß von den Kartoffeln das Wasser ab. Gieß die Milch-Butter-Mischung dazu, zerstampfe alles mit einem Kartoffelstampfer. Schmeck das Kartoffelpüree mit Salz und Muskat ab. Lass den Spinat zum Schluss einmal kurz aufkochen, würze ihn mit Muskat. Verteile ihn auf 4 Teller.

4 Forme das Püree mit einem Esslöffel zum länglichen Spinnenkörper und mit einem Teelöffel zum Spinnenkopf und leg beides in den Spinat. Garniere die Köpfe mit je 2 Sonnenblumenkernen als Augen, 1 Tomatenviertel und Schnittlauch. Steck je 8 Würstchenhälften als Beine ins Püree.

SO VIEL ZEIT BRAUCHST DU:
ca. 40 Minuten

Cordon bleu

DIESE ZUTATEN BRAUCHST DU
FÜR 4 PERSONEN

- 750 g Kartoffeln
- Salz • Pfeffer • Muskat
- 1 große Möhre • 150 g TK-Erbsen
- 1 Bund Petersilie
- 8 Scheiben (à ca. 25 g) gekochten Schinken
- 4 große Scheiben (à ca. 30 g) Edamer • 1 Ei
- 3–4 EL Mehl • 7–8 EL Paniermehl
- 3–4 El Öl • ⅛ l Milch • 1 TL Butter

1 Schäl die Kartoffeln, wasch und würfel sie grob. Koch sie in Salzwasser ca. 20 Minuten. Schäl und wasch die Möhre. Würfel sie und gare sie in wenig kochendem Salzwasser zugedeckt ca. 2 Minuten. Gib die Erbsen für ca. 3 Minuten dazu. Gieß beides in ein Sieb.

2 Wasch und schüttel die Petersilie trocken, hacke sie fein. Bestreue 4 Schinkenscheiben mit Petersilie. Gib je 1 Scheibe Käse und Schinken darauf.

3 Verquirle Ei, 2 EL kaltes Wasser, Salz und Pfeffer in einem Teller. Füll Mehl und Paniermehl in je einen tiefen Teller. Wende die Käseschnitzel zuerst im Mehl, dann im Ei und zuletzt im Paniermehl.

4 Erhitze Öl in einer Pfanne. Brate die Schnitzel darin bei mittlerer Hitze von jeder Seite ca. 2 Minuten. Gieß das Kartoffelwasser ab. Gib Milch und Butter zu den Kartoffeln und stampf sie mit dem Kartoffelstampfer zu Püree. Rühre Erbsen und Möhre darunter und schmeck mit Salz, Pfeffer und Muskat ab.

SO VIEL ZEIT BRAUCHST DU:
ca. 45 Minuten

Pizza-Nudeln

DIESE ZUTATEN BRAUCHST DU FÜR 4 PERSONEN

- 1 Zwiebel
- 250 g gemischtes Hack
- 1 Ei
- 1 TL Tomatenmark
- 2 EL Paniermehl
- Salz
- Pfeffer
- 1 EL Öl
- 250 g Nudeln (z. B. Shipli)
- 1 Dose (425 ml) Pizzatomaten
- 300 g TK-Erbsen & Möhren
- 125 g Mozzarella
- evtl. Oregano zum Garnieren

1 Schäl die Zwiebel und würfel sie klein. Verknete sie dann mit Hack, Ei, Tomatenmark und Paniermehl mit den Knethaken des Handrührgerätes. Würze alles mit Salz und Pfeffer. Forme aus der Hackmasse mit nassen Händen ca. 12 Bällchen. Koch ca. 2 l Wasser mit 1 TL Salz in einem großen Kochtopf auf.

2 Erhitze Öl in einer beschichteten Pfanne und brate die Hackbällchen darin rundherum ca. 5 Minuten kräftig an. Gib die Nudeln ins kochende Salzwasser und koch sie ca. 8 Minuten (sieh aber auch auf der Packung nach), rühre sie dabei einmal um.

3 Gieß die Pizzatomaten und ⅛ l Wasser zu den Hackbällchen und gib Erbsen und Möhren unaufgetaut dazu. Koch alles auf und lass es dann ca. 5 Minuten offen köcheln. Rühre die Soße zwischendurch öfter um. Gieß die Nudeln in ein Sieb und lass sie gut abtropfen.

4 Lass den Mozzarella abtropfen. Halbiere ihn und schneid ihn in Scheiben. Verteile die Nudeln auf vier Teller. Schmeck die Soße mit Salz und Pfeffer ab und gib sie auf die Nudeln. Leg die Mozzarellascheiben darauf, lass sie schmelzen und garniere alles mit Oregano.

SO VIEL ZEIT BRAUCHST DU:
ca. 50 Minuten

TIPP Lass dir bei dem Handrührgerät lieber von Mama oder Papa helfen.

Würstchen im Stockbrot

DIESE ZUTATEN BRAUCHST DU FÜR 6 STÜCK

- 300 g Mehl
- 1 Päckchen Backpulver
- 150 g Magerquark
- 6 EL Öl
- 6 EL Milch
- Zucker
- Salz
- Mehl für die Arbeitsfläche
- 6 Würstchen „Nürnberger Art"
- 200 g Kirschtomaten
- ca. 6 TL Tomatenketchup
- ca. 6 TL Remoulade
- 100 g Gurkenscheiben (Glas)
- ca. 2 EL Röstzwiebeln
- 6 Holzstöcke (ca. 1,5 cm Ø und 30–40 cm lang; z. B. vom Weidenbaum)

TIPP Ein tolles Rezept für die nächste Geburtstagsfeier. Zusammen mit Deinen Freunden kannst du die Stöcke schnitzen und den Teig zubereiten. Mische noch etwas Pizzagewürz darunter, so schmeckt das Stockbrot wie Pizzabrot vom Italiener.

1 Schnitz zuerst je ein Ende der Holzstöcke zu einer Spitze (lass dir dabei evtl. von den „Großen" helfen). Mische dann für den Quark-Öl-Teig Mehl und Backpulver. Gib Quark, Öl, Milch,1 Prise Zucker und 1 leicht gehäuften TL Salz in eine Schüssel und verrühre alles mit den Knethaken des Handrührgerätes. Gib dann das Mehl-Gemisch dazu und verknete alles zu einem glatten Teig.

2 Nimm den Teig mit bemehlten Händen aus der Schüssel und knete ihn auf einer mit wenig Mehl bestäubten Arbeitsfläche nochmals kurz durch. Teile ihn in 6 gleich große Stücke und forme daraus je ca. 40 cm lange Rollen. Setz eine Rolle am spitzen Ende eines Stockes an, wickel sie spiralförmig dicht an dicht darum und drück das Rollenende gut an den Teig an.

3 Wickel die übrigen Rollen ebenso um die Stöcke. Falls eine dabei reißt, kannst du sie neu durchkneten und wickeln. Leg das Brot auf den heißen Grill oder halte es über ein Feuer. Backe es 20–30 Minuten (beim offenen Feuer gehts viel schneller), wende dabei den Stock öfter mal. Grill die Würstchen auf dem heißen Grill unter Wenden 6–8 Minuten.

4 Wasch in der Zwischenzeit die Tomaten und schneid sie in Scheiben. Nimm die Stockbrote vom Grill, lass sie etwas abkühlen und zieh sie dann vorsichtig von den Stöcken. Füll sie mit etwas Ketchup, Remoulade, Würstchen und ein paar Gurkenscheiben. Richte sie mit Röstzwiebeln, Tomaten und Rest Gurken, Ketchup und Remoulade an.

SO VIEL ZEIT BRAUCHST DU:
ca. 1 ½ Stunden

Schinken-Pfannkuchen mit Möhren-Apfel-Salat

DIESE ZUTATEN BRAUCHST DU FÜR 4 PERSONEN

- 150 ml Milch
- 2 Eier
- Salz
- 125 g Mehl
- 150 g gekochten Schinken
- 100 ml Orangensaft
- 1 EL Zucker
- 1 EL Öl
- 2 mittelgroße Möhren
- 2 Äpfel
- evtl. 4 Kopfsalatblätter und etwas Petersilie
- 4 TL Butter/Margarine
- 4 TL Schmand

TIPPS Pass beim Reiben der Möhren und Äpfel auf Deine Finger auf. Zum Schluss hin kannst Du die Möhren bzw. Äpfel mit einer Gabel aufspießen und so raspeln. Frag Mama oder Papa ob Ihr ein Wiegemesser zu Hause habt. Damit lässt sich die Petersilie prima fein hacken.

1 Gib Milch und 100 ml Wasser in einen Messbecher. Verrühre in einer Rührschüssel Eier und 1 Prise Salz kurz mit dem Schneebesen oder Handrührgerät. Rühre nun Mehl und Milch darunter, bis der Teig ganz glatt ist. Lass ihn ca. 15 Minuten stehen, damit das Mehl ausquellen kann. Schneid den Schinken in Würfel.

2 Verrühre inzwischen Orangensaft, Zucker, 1 Prise Salz und Öl. Schäl die Möhren, wasch sie und raspel sie auf einer Reibe. Wasch die Äpfel und raspel sie mitsamt Schale bis zum Kerngehäuse. Mische alles mit der Orangen-Marinade. Wasch die Salatblätter und die Petersilie. Leg etwas Petersilie zum Garnieren beiseite und hacke den Rest klein.

3 Erhitze 1 TL Fett in einer kleinen beschichteten Pfanne. Streu ¼ vom Schinken hinein und gieß ¼ Teig darüber. Backe den Pfannkuchen von dieser Seite 2–3 Minuten bei mittlerer Hitze (bloß nicht zu heiß, dann wird er schwarz!). Lass ihn mit der gebackenen Seite auf einen flachen Deckel gleiten, gib ihn mit Schwung umgedreht zurück in die Pfanne und backe ihn 1–2 Minuten weiter.

4 Backe auf gleiche Weise noch 3 Pfannkuchen. Die fertigen Pfannkuchen kannst Du auf dem Teller oder Blech im Backofen (E-Herd: 50 °C) warm halten. Richte alle mit je 1 Klecks Schmand an, bestreue und garniere sie mit Petersilie. Mische den Salat noch mal durch, verteile ihn auf je 1 Salatblatt und reiche ihn dazu.

SO VIEL ZEIT BRAUCHST DU:
ca. 50 Minuten

Mit Fisch

Leckeres für Piraten

Knuspriger Kartoffelfisch

DIESE ZUTATEN BRAUCHST DU
FÜR 4 PERSONEN

- 800 g Kartoffeln
- Salz • Pfeffer
- Öl fürs Backblech
- 500 g Seelachsfilet
- 2 EL Zitronensaft
- 1 kleine und 1 große Tomate
- 175 g geriebenen Gouda
- ½ Salatgurke
- 1 Dose (425 ml) Mais
- 1 EL Öl
- Zucker
- 4 Schnittlauchhalme
- Küchenpapier

TIPP Um Tomaten zu schneiden, benutzt Du am besten ein Tomatenmesser mit Säge. Damit lässt sich die Haut der Tomate am besten durchschneiden.

1 Schäl zuerst die Kartoffeln und wasch sie. Gib sie dann in einen Topf und füll so viel Wasser darauf, dass sie bedeckt sind. Streu 1 TL Salz darüber. Leg den Deckel auf den Topf und lass die Kartoffeln ca. 20 Minuten kochen. Streich inzwischen ein Backblech dünn mit Öl ein. Spül den Fisch unter fließendem kalten Wasser ab und tupf ihn dann mit Küchenpapier trocken.

2 Beträufel den Fisch mit 1 EL Zitronensaft, würze ihn mit Salz und Pfeffer und leg den Fisch auf das Backblech. Gieß anschließend die Kartoffeln ab und lass sie abkühlen. Wasch die Tomaten und halbiere sie. Leg eine halbe kleine Tomate fürs Auge beiseite. Schneid von der großen Tomate fürs Fischmaul 2 Spalten ab. Schneid den Rest in Stücke.

3 Stell den Ofen an: E-Herd: 200 °C/Umluft: 175 °C/Gas: Stufe 3. Schneid die Kartoffeln in dünne Scheiben, leg sie als Schuppen auf den Fisch und würze sie mit Salz und Pfeffer. Streu dann den Käse darüber und leg die halbe Tomate als Auge darauf. Schieb den Kartoffelfisch in den heißen Backofen und lass ihn ca. 20 Minuten goldgelb backen.

4 Schäl die Gurke. Halbiere sie der Länge nach und schneid sie in Scheiben. Lass den Mais in einem Sieb abtropfen. Mische 1 EL Zitronensaft, Öl, Salz, Pfeffer und Zucker unter Gurke, Tomate und Mais. Wasch den Schnittlauch, schneid ihn in Röllchen und streu ihn über den Salat. Hol den Fisch aus dem Ofen und leg die 2 Tomatenspalten als Mund darauf. Fertig!

SO VIEL ZEIT BRAUCHST DU:
ca. 1 ¼ Stunden

„Piraten"-Happen in süßsaurer Soße

DIESE ZUTATEN BRAUCHST DU FÜR 4 PERSONEN

- 1 Bio-Zitrone
- 750 g Seelachs- oder Lengfischfilet
- 150 g TK-Erbsen
- 1 kleine Dose (235 ml) Ananasstücke
- ½ Flasche (150 ml) Tomatenketchup
- 1 TL Curry
- 4 EL Speisestärke
- Salz
- 1 Msp. Pfeffer
- 2 Eiweiß
- 3 EL Öl
- evtl. Petersilie zum Garnieren

1 Wasch die Zitrone und halbiere sie längs. Press eine Hälfte aus, schneid die andere Hälfte in 4 „Schiffchen". Wasch das Fischfilet, tupf es trocken und schneid es in grobe Würfel. Beträufel diese mit Zitronensaft.

2 Gib die Erbsen in ein Sieb, spül sie kurz mit heißem Wasser ab und lass sie abtropfen. Lass die Ananas in einem Sieb abtropfen und fang den Saft auf. Verrühre den Ketchup mit 4 EL Saft. Rühre die Erbsen, Ananasstücke und den Curry unter die Soße.

3 Mische Speisestärke, 1 TL Salz und Pfeffer in einem Teller. Verquirle das Eiweiß mit einer Gabel in einem anderen Teller. Wende die Fisch-würfel zuerst im Eiweiß und dann in der Stärkemischung. Klopfe die überschüssige Stärke ab.

4 Erhitze das Öl in einer Pfanne und brate die Fischwürfel darin portionsweise knusprig. Richte die Fischwürfel dann mit der Soße auf Tellern an. Garniere sie mit Petersilie und den Zitronenschiffchen.

SO VIEL ZEIT BRAUCHST DU:
ca. 30 Minuten

Schatztruhe mit Goldbarren

DIESE ZUTATEN BRAUCHST DU FÜR 4 PERSONEN

- 1 kg Kartoffeln • Salz
- 4 EL Vollmilch-Joghurt
- 4 EL leichte Salatceme
- ½ Bund Schnittlauch
- Pfeffer • Zucker • Muskat
- 2 EL Öl
- 1 Packung (450 g; 15 Stück) TK-Fischstäbchen
- 1 Dose (425 ml) Mais mit Kidneybohnen
- ⅛ l Milch
- 1 EL Butter
- 4 kleine Salatblätter

1 Schäl die Kartoffeln, wasch sie und würfel sie grob. Koch sie in Salzwasser zugedeckt bei schwacher Hitze ca. 20 Minuten. Verrühre Joghurt und Salatcreme. Wasch den Schnittlauch und schüttel ihn trocken. Schneid mit einer Schere kleine Röllchen direkt in die Creme. Verrühre alles und schmeck mit Salz, Pfeffer und 1 Prise Zucker ab.

2 Erhitze das Öl in einer großen beschichteten Pfanne. Leg dann die Fischstäbchen noch tiefgefroren hinein. Brate sie bei mittlerer Hitze erst von einer Seite 7–8 Minuten goldbraun, wende sie und brate sie dann von der anderen Seite weitere 3–5 Minuten. Halte sie warm.

3 Lass Mais und Bohnen in einem Sieb gut abtropfen. Gieß das Kartoffelwasser ab. Gib Milch und Butter zu den Kartoffeln und stampf sie mit einem Kartoffelstampfer zu Püree. Rühre Mais und Bohnen als „Edelsteine" darunter und lass alles zugedeckt ca. 3 Minuten stehen, damit das Gemüse warm wird.

4 Wasch die Salatblätter und tupf sie trocken. Schmeck das Kartoffelpüree mit Salz, Pfeffer und Muskat ab. Richte es auf Tellern nach Belieben als „Schatztruhe" an und setz dann die Fischstäbchen als „Goldbarren" darauf. Leg zuletzt die Salatblätter dazu und gib je einen Klecks Schnittlauchcreme darauf.

SO VIEL ZEIT BRAUCHST DU:
ca. 1 Stunde

Bunte Reis-Dinos mit Fischstäbchen-Zacken

DIESE ZUTATEN BRAUCHST DU FÜR 4 PERSONEN

- ½ kleine rote Paprikaschote
- ½ Bund glatte Petersilie
- 1 Dose (212 ml) Maiskörner
- 1 mittelgroße Möhre (ca. 100 g)
- 2 TL Gemüsebrühe
- 200 g Langkornreis
- 2 EL Öl
- 1 Packung (450 g; 15 Stück) TK-Fischstäbchen
- 75 g TK-Erbsen
- ⅛ l Milch
- 2 Ecken (à 62,5 g) Sahne-Schmelzkäse
- Salz
- Pfeffer

TIPP Dazu passt ein selbstgemachter Eistee. Dafür mischst Du ½ l Roibuschtee „Vanille" mit ½ l Apfelsaft, 200 ml Mineralwasser und 1-2 EL Honig. Stell den fertigen Eistee bis zum Verzehr in den Kühlschrank.

1 Putze und wasch die Paprika. Schneid für die „Dino-Zungen" 4 Streifen (ca. 1 x 2 cm) davon ab und schneid jeweils an einer kurzen Seite ein kleines Dreieck heraus. Wasch die Petersilie und zupf für die grünen „Dino-Zacken" die Blätter ab. Lass den Mais in einem Sieb abtropfen. Schäl die Möhre, wasch sie und raspel sie auf einer Küchenreibe.

2 Koch gut ½ l Wasser in einem Topf auf. Gib Brühe dazu. Schütte den Reis hinein und lass ihn zugedeckt bei schwacher Hitze ca. 10 Minuten garen. Erhitze Öl in einer großen beschichteten Pfanne. Leg die Fischstäbchen hinein. Brate sie erst auf einer Seite 7–8 Minuten goldbraun, wende sie dann und brate sie weitere 3–5 Minuten.

3 Heb Erbsen, bis auf 8 Stück zum Garnieren, Mais und Möhre unter den Reis, gare alles weitere ca. 10 Minuten. Erwärme für die Soße die Milch, schmelze 1 Käseecke darin. Schmeck die Soße ab. Gieß den Reis evtl. ab. Rühre den Rest Käse darunter, schmeck ihn ab. Leg die Fischstäbchen auf Küchenpapier und schneid sie schräg durch.

4 Verteile je ein kleines und ein großes Reis-Häufchen auf 4 Teller. Forme daraus mit einem Löffel je einen „Dino-Kopf" und „-Körper". Steck je 1 Paprika-Streifen als Zunge und 2 Erbsen als Augen in den Kopf und steck Fischstäbchen und Petersilie als „Zacken" in den Körper. Reiche die Käsesoße dazu.

SO VIEL ZEIT BRAUCHST DU:
ca. 1 Stunde

Gemüse-Hits

Die mag garantiert jeder!

Schneemann mit Gemüse

DIESE ZUTATEN BRAUCHST DU FÜR 4 PERSONEN

- Salz
- 200 g Langkornreis
- 1 kleinen Blumenkohl (ca. 750 g)
- 4 Möhren
- 100 g TK-Erbsen
- 3 EL Butter/Margarine
- 3 gestrichene EL Mehl
- 150 ml Milch
- 1 Bund krause Petersilie
- Pfeffer
- Muskat

TIPP Solltest Du keinen Eiskugelformer haben, kannst Du die Reiskugeln auch mit angefeuchteten Händen formen.

1 Lass 400 ml Salzwasser im Topf aufkochen. Streu den Reis hinein, lass ihn zugedeckt bei schwacher Hitze 15–20 Minuten quellen. Koch 1 l Wasser mit 1 gestrichenen TL Salz auf. Schneid die Blätter vom Blumenkohl ab, schneid ihn in Röschen, wasch sie. Schäl die Möhren, wasch sie. Schneid für die Schneemannnasen die Spitzen ab. Schneid den Rest in Scheiben. Gib sie mit dem Blumenkohl ins kochende Salzwasser und koch alles zugedeckt ca. 8 Minuten.

2 Gib die Erbsen unaufgetaut zum Gemüse und koch es ca. 2 Minuten weiter. Gieß alles in ein Sieb, fang dabei das Gemüsewasser auf. Miss für die Soße 400 ml Gemüsewasser ab. Erhitze das Fett in einem Topf. Rühre das Mehl mit dem Schneebesen darunter, schwitze es kurz an. Gieß unter Rühren Gemüsewasser und Milch dazu, lass die Soße unter Rühren aufkochen und dann ca. 5 Minuten köcheln. Rühre dabei öfter um.

3 Wasch inzwischen die Petersilie und schüttel sie trocken. Zupf für die Schneemannhaare etwas Petersilie von den Stielen. Hack die restliche Petersilie. Leg 2–3 EL gekochte Erbsen für die Schneemannaugen und -knöpfe beiseite. Schmeck die Béchamelsoße mit Salz, Pfeffer und Muskat ab. Gib das Gemüse hinein und erhitze es darin.

4 Forme mit dem Eiskugelformer (ca. 5 cm Ø) 12 Halbkugeln aus dem Reis und leg je 3 als Schneemann auf einen Teller. Tauch den Eiskugelformer dabei zwischendurch immer wieder in kaltes Wasser. Leg Petersilie als Haare, Möhrenspitzen als Nasen und Erbsen als Augen und Knöpfe auf die Schneemänner und drück sie etwas hinein. Verteile zuletzt das Gemüseragout darum und bestreue es mit der gehackten Petersilie.

SO VIEL ZEIT BRAUCHST DU:
ca. 1 Stunde

Gemüse-Sticks mit Dip

DIESE ZUTATEN BRAUCHST DU
FÜR 4 PERSONEN

- 1 große Tomate
- 1 Bund Schnittlauch
- 200 g Joghurt-Frischkäse
- 250 g Magermilch-Joghurt
- Salz
- Pfeffer
- 2 mittelgroße Kohlrabi
- 4–5 große Möhren
- 2 Eier
- 2 gehäufte EL Mehl
- ca. 4 EL Sesam
- 7–8 EL Öl
- evtl. Petersilie zum Garnieren

TIPP Solltet Ihr zu Hause einen Garten haben, frage doch mal Mama oder Papa, ob Du dort ein kleines Beet mit deinem eigenen Gemüse anpflanzen kannst. Fang am besten mit Möhren und Radieschen oder Schnittlauch an.

1 Wasch und viertel die Tomate. Entkerne sie dann und würfel sie fein. Wasch den Schnittlauch und schneid ihn in Röllchen. Verrühre Frischkäse und Joghurt. Hebe Schnittlauch und Tomatenwürfel darunter. Schmeck den Dip mit Salz und Pfeffer ab.

2 Schäl und wasch nun Kohlrabi und Möhren. Schneid die Kohlrabi erst in dicke Scheiben und diese dann in dicke Stifte. Halbiere die Möhren quer und viertel sie dann längs, sodass ebenfalls dicke Stifte entstehen.

3 Verquirle die Eier in einem tiefen Teller und würze sie mit Salz und Pfeffer. Gib Mehl und Sesam auf je einen großen flachen Teller. Wende die Kohlrabi- und Möhrenstifte portionsweise zuerst in Mehl, dann im Ei und zuletzt in Sesam. Drücke den Sesam gut an.

4 Erhitze das Öl in einer großen beschichteten Pfanne. Brate die Stifte darin bei mittlerer Hitze in 3 Portionen je ca. 5 Minuten goldbraun. Lass sie auf Küchenpapier abtropfen. Richte die Gemüsesticks mit dem Dip an und garniere sie mit Petersilie.

SO VIEL ZEIT BRAUCHST DU:
ca. 1 Stunde

Gnocchi mit Gemüsesoße

DIESE ZUTATEN BRAUCHST DU FÜR 4 PERSONEN

- 3 Paprikaschoten (z. B. grün, gelb und rot)
- 2 Möhren
- 1 Zwiebel • Salz • Pfeffer
- 2 EL Öl
- 500 g passierte Tomaten
- 1 TL getrocknetes Basilikum
- 1 TL Gemüsebrühe
- 500 g frische Gnocchi (Kühlregal)
- 4–5 EL Schlagsahne
- 4 EL geriebenen Käse
- evtl. Basilikum zum Garnieren

1 Putze die Paprika, wasch sie und schneid sie in feine Streifen. Schäl und wasch die Möhren. Schneid sie dann in kleine Würfel. Schäl die Zwiebel und schneid sie ebenfalls in kleine Würfel. Koch in einem großen Kochtopf ca. 2 l Wasser mit 1 TL Salz auf.

2 Erhitze Öl im Topf. Dünste die Zwiebel darin an. Gib Paprika und Möhren dazu, dünste alles etwas an. Rühre Tomaten, knapp 1 Tasse Wasser, Basilikum und Brühe darunter. Lass alles aufkochen und dann bei schwacher Hitze 8–10 Minuten köcheln. Zwischendurch umrühren.

3 Gib die Gnocchi in das kochende Salzwasser und lass sie ca. 2 Minuten darin gar ziehen. Rühre sie dabei ab und zu um, damit sie nicht zusammenkleben. Rühre Sahne in die Soße und schmeck sie mit Salz und Pfeffer ab.

4 Gieß die Gnocchi in einen Durchschlag oder ein Sieb und lass sie gut abtropfen. Verteile sie dann auf 4 Teller. Gib die Soße darauf und streu den geriebenen Käse darüber. Garniere zum Schluss das Ganze mit ein paar Basilikumblättchen.

SO VIEL ZEIT BRAUCHST DU:
ca. 30 Minuten

Weiße Mäuse im Gemüsebett

DIESE ZUTATEN BRAUCHST DU FÜR 4 PERSONEN

- 100 g TK-Erbsen
- 8 Eier (Gr. M)
- 750 g Kartoffeln
- 4 Möhren (ca. 400 g)
- Salz • Pfeffer
- 4 Radieschen
- 8 Halme Schnittlauch
- 1 EL Tomatenketchup
- ⅛ l Milch
- 1 EL Butter
- 1 kleine dickere Scheibe Emmentaler
- 1 Holzspießchen
- 1 kleinen Gefrierbeutel

1 Lass die Erbsen auftauen. Pik jedes Ei am runden Ende mit einem Eierpikser an. Leg die Eier in einen Topf mit kaltem Wasser, koch es auf. Schalte dann den Herd etwas herunter und koch die Eier ca. 10 Minuten hart. Schäl Kartoffeln und Möhren, wasch sie und schneid sie in Stücke. Koch beides in Salzwasser zugedeckt bei schwacher Hitze ca. 20 Minuten.

2 Nimm die Eier mit einer Schöpfkelle aus dem Topf, schrecke sie mit kaltem Wasser ab und lass sie etwas abkühlen. Putze die Radieschen und wasch sie. Schneid aus der Mitte der Radieschen jeweils 4 schöne Scheiben heraus (den Rest am besten gleich essen). Wasch den Schnittlauch und schüttel ihn trocken. Schäl die Eier.

3 Schneid in jedes Ei 2 kleine Schlitze für die Ohren. Steck in jeden 1 Radieschenscheibe als Ohr. Stich für den Schwanz mit 1 Holzspießchen ein Loch in jedes Ei und steck 1 Schnittlauchhalm hinein. Füll den Ketchup in den Beutel und schneid unten eine Spitze ab. Spritz damit Augen, Nasen und evtl. Münder auf die Eier.

4 Gieß die Kartoffeln und Möhren ab. Gib Milch und Butter in den Topf und stampf alles mit einem Kartoffelstampfer zu Püree. Schmeck es mit Salz und Pfeffer ab und heb die Erbsen darunter. Schneid den Käse in 4 Stücke. Richte das Püree mit den „weißen Mäusen" und den Käsestückchen an.

SO VIEL ZEIT BRAUCHST DU:
ca. 45 Minuten

Ofen-Hits

Da sagt keiner Nein!

Gemüse-Segelschiff

DIESE ZUTATEN BRAUCHST DU FÜR 4 PERSONEN

- 150 g TK-Erbsen
- 600 g Möhren
- 800 g Kartoffeln
- Salz
- 2 Päckchen „Helle Soße Holländische Art“ (für je ¼ l)
- Fett für die Form
- 75 g geriebenen Gouda
- 1 dicke Scheibe (ca. ½ cm dick; ca. 150 g) gekochten Schinken
- 4 Holzspieße

TIPP Mal keine Lust auf Erbsen und Möhren? Wie wäre es mit Mais, Kidneybohnen oder Brokkoli? Dieser Auflauf lässt sich prima variieren, je nach Lust und Laune.

1 Nimm zuerst die Erbsen aus dem Gefrierschrank und lass sie auftauen. Schäl und wasch dann die Möhren und Kartoffeln und schneid sie in Scheiben. Lass die Kartoffeln und Möhren in Salzwasser zugedeckt ca. 12 Minuten kochen.

2 Heize den Ofen vor: E-Herd: 200 °C/Umluft: 175 °C/Gas: Stufe 3. Gieß ½ l lauwarmes Wasser in einen Kochtopf und rühre das Soßenpulver mit einem Schneebesen ein. Koch alles auf und lass es ca. 1 Minute köcheln. Nimm die Soße dann vom Herd.

3 Gieß die Kartoffeln und Möhren in einen Durchschlag und lass sie abtropfen. Fette eine große oder zwei kleinere Auflaufformen. Verteile Kartoffeln, Möhren und Erbsen darin. Gieß die Soße darüber und streu den Käse darauf. Stell den Auflauf auf den Ofenrost und lass ihn ca. 25 Minuten backen.

4 Viertel die Schinkenscheibe und schneid jedes Viertel in 3 Streifen. Steck für die Schiffssegel je 3 Schinkenstreifen mit etwas Abstand auf jeden Holzspieß. Nimm den Auflauf aus dem Backofen und steck die Schinkensegel hinein.

SO VIEL ZEIT BRAUCHST DU:
ca. 1 Stunde

Fussball-Pizza mit Pfiff

DIESE ZUTATEN BRAUCHST DU
FÜR CA. 8 STÜCKE

- 1 Packung (800 g) TK-Rahmspinat
- 1 Rolle (400 g) Blech-Pizzateig (Kühlregal)
- 125 g Mozzarella
- 4 EL + etwas Tomatenketchup
- 50–75 g Salami in dünnen Scheiben
- je 1 kleine gelbe und rote Paprikaschote
- je 11 Cocktailwürstchen und Mini-Cabanossi oder -Salami
- etwas Mayonnaise
- Papier-Länderfähnchen zum Garnieren

1 Gib zuerst den Spinat unaufgetaut in einen Topf und erwärme ihn zugedeckt bei mittlerer Hitze ca. 12 Minuten, rühre ihn dabei öfter um, damit er nicht anbrennt. Zieh ihn dann vom Herd. Heize nun den Backofen vor: E-Herd: 225 °C/ Umluft: 200 °C/Gas: Stufe 4.

2 Nimm den Pizzateig aus der Packung. Entrolle ihn samt Backpapier auf einem Backblech (ca. 35 x 40 cm) und lass ihn ca. 10 Minuten ruhen. Lass inzwischen den Mozzarella abtropfen. Schneid erst eine runde Kuppe für den „Fußball“ ab, dann den übrigen Käse erst in Scheiben und dann in Streifen.

3 Streiche 4 EL Ketchup auf den Pizzateig. Verteile die Salamischeiben und dann den Spinat darauf. Schieb die Pizza auf die 2. Schiene von unten in den Ofen und backe sie ca. 10 Minuten. Putze und wasch die Paprika. Schneid „gelbe und rote Karten“ und je 1 Würfel für die Torwartkappen daraus.

4 Nimm die Pizza heraus und leg die Käsestreifen als „Spielfeldlinien“ darauf. Steck dann die Würstchen als „Spieler“ hinein. Backe evtl. die Pizza bei gleicher Temperatur ca. 3 Minuten weiter. Setz die Mozzarella-Kuppe aufs Spielfeld und verziere alles mit Ketchup, Mayo, Paprikawürfeln und Fähnchen. Leg die „roten und gelben Karten“ dazu.

SO VIEL ZEIT BRAUCHST DU:
ZUBEREITUNG ca. 50 Min.
BACKZEIT ca. 13 Min.

ROTE KARTE...

Kunterbunter Konfetti-Auflauf

DIESE ZUTATEN BRAUCHST DU FÜR 4 PERSONEN

- 1 Dose (425 ml) Maiskörner
- 3 kleine Paprikaschoten (z. B. grün, gelb und rot)
- Salz
- 250 g grüne + gelbe Bandnudeln
- 75 g Gouda (Stück)
- 100 g gekochten Schinken
- Fett für die Form
- ⅜ l Milch
- 3 Eier
- Pfeffer
- ½ Bund Schnittlauch

1 Gieß zuerst ca. 2 l Wasser in einen großen Kochtopf und lass es aufkochen. Gib in der Zwischenzeit den Mais in ein Sieb und lass ihn gut abtropfen. Putze nun die Paprika und wasch sie. Viertel sie, schneid sie in Streifen und dann in kleine Würfelchen.

2 Gib 1 TL Salz und die Nudeln in das kochende Wasser. Lass die Nudeln ca. 8 Minuten kochen (sieh aber auch auf der Packung nach). Heize den Backofen vor: E-Herd: 200 °C/Umluft: 175 °C/Gas: Stufe 3. Schneid den Käse in Würfel und den Schinken in Streifen.

3 Gieß die Nudeln in ein Sieb und lass sie gut abtropfen. Streich eine große Auflaufform mit etwas Fett aus. Mische Nudeln, Mais, Paprika, Schinken und gut die Hälfte Käse in der Form. Verquirle Milch und Eier mit einem Schneebesen und würze sie mit Salz und Pfeffer.

4 Gieß die Eiermilch über die Nudeln und streu den übrigen Käse darüber. Backe den Auflauf im heißen Backofen ca. 35 Minuten. Spül den Schnittlauch kalt ab, schüttel ihn trocken und schneid ihn mit einer Schere in Röllchen direkt über den Auflauf.

SO VIEL ZEIT BRAUCHST DU:
ca. 1 ½ Stunden

TIPP Anstelle des Kochschinkens kannst Du auch ca. 300 g Hackfleisch in heißem Öl anbraten und unter die Nudeln und das Gemüse mischen.

Prima Pizza-Brötchen

DIESE ZUTATEN BRAUCHST DU FÜR 8 STÜCK

- 200 g Doppelrahm-Frischkäse
- 4 EL Milch
- getrockneten Thymian
- Pfeffer
- Salz
- 1 Dose (80 g) Thunfisch in Öl
- 2 Scheiben (ca. 75 g) gekochten Schinken
- 3–4 mittelgroße Tomaten
- 1 Dose (400 g; 8 Stück) Sonntagsbrötchen (Kühlregal)
- 100 g geriebenen Gouda
- Backpapier

1 Rühre für die Creme Frischkäse, Milch und ½ TL Thymian mit einem Löffel glatt. Schmeck sie mit Pfeffer und wenig Salz ab und füll sie in 2 Schälchen. Lass den Thunfisch in einem Sieb gut abtropfen. Rühre ihn dann sorgfältig unter die eine Cremehälfte, bis er in Stückchen zerfallen ist.

2 Leg die Schinkenscheiben aufeinander. Schneid sie erst in dünne Streifen, dann in feine Würfel. Rühre sie unter die andere Hälfte der Creme. Heize den Ofen vor: E-Herd: 200 °C/Umluft: 175 °C/Gas: Stufe 3). Leg ein Backblech mit Backpapier aus.

3 Wasch die Tomaten, schneid sie in ca. 16 Scheiben. Zieh von der Teigrollen-Dose das Etikett an der roten Ecke nach unten, sodass sich die Dose öffnet. Nimm die Teigstücke heraus, leg sie mit Abstand auf das Backpapier und drück jedes Stück etwas flacher.

4 Leg je 2 Tomatenscheiben auf die Teigstücke. Streich die Schinkencreme auf 4 Teigstücke und die Thunfischcreme auf die anderen 4 Stücke. Bestreue zum Schluss alles mit Gouda und etwas Thymian und backe die Brötchen im vorgeheizten Backofen ca. 15 Minuten goldgelb.

SO VIEL ZEIT BRAUCHST DU:
ZUBEREITUNG ca. 40 Min.
BACKZEIT ca. 15 Min.

Sponge-Bob „Hawaii“

DIESE ZUTATEN BRAUCHST DU FÜR 4 STÜCK

- 6 Scheiben Sandwichtoast (z. B. mit Vollkorn)
- 6 Scheiben Kochschinken
- 4 Ananasringe (Dose)
- 4 Scheiben Käse (z. B. Leerdammer)
- 4 Kirschtomaten
- 2 kleine Gurken (Glas)
- 1 EL weiche Butter/Margarine
- 1 EL Tomatenketchup
- 8 Maxi-Salzstangen
- Backpapier
- 1 kleinen Gefrierbeutel

1 Heize zuerst den Backofen vor: E-Herd: 200 °C/Umluft: 175 °C/ Gas: Stufe 3. Leg dann ein Backblech mit Backpapier aus. Röste die Brotscheiben im Toaster und leg 4 Scheiben aufs Blech. Leg dann je 1 Schinkenscheibe darauf und falte sie so zusammen, dass ein breiter Toaststreifen frei bleibt.

2 Leg je 1 Scheibe Ananas auf den Schinken. Stich aus jeder Käsescheibe mit einer kleinen Lochtülle je 2 Kreise für die Pupillen aus. Leg die Käsescheiben auf die Ananas. Überbacke die Toasts im heißen Ofen ca. 12 Minuten. Wasch die Tomaten. Halbiere die Tomaten und die Gurken der Länge nach.

3 Bestreiche die übrigen Toastscheiben mit Butter oder Margarine und leg die beiden Schinkenscheiben darauf. Stich nun mit einem Ausstecher (ca. 4 x 6 cm) je 4 Füße daraus. Iss die Reste einfach auf. Füll den Ketchup in den Plastikbeutel, schneid unten eine kleine Ecke ab. Hol die Toasts aus dem Ofen und leg sie auf 4 große Teller.

4 Schneid jede Salzstange in ein kurzes und ein längeres Stück. Setz die langen als Arme und die kurzen als Beine an jeden Toast und setz die Füße daran. Leg Tomatenhälften und Käsekreise als Augen und Gurken als Mund auf den Käse. Mal mit dem Ketchup je ein Lächeln an den Mund und 1 Krawatte auf jeden Sponge-Bob.

SO VIEL ZEIT BRAUCHST DU:
ca. 40 Minuten

Taka-Tuka-Auflauf

DIESE ZUTATEN BRAUCHST DU FÜR 4 PERSONEN

- Salz
- 2 Pakete Stampfkartoffeln (für je 400 ml Flüssigkeit; für je 2–3 Portionen)
- 4 EL + etwas Butter
- 200 ml Milch
- 4 kleine Bananen (à ca. 100 g)
- 4 Scheiben (à ca. 40 g) gek. Schinken
- 4 Scheiben (à ca. 40 g) junger Gouda
- evtl. 1 kleines Römersalatblatt und 1 Holzspieß

1 Heize den Ofen vor: E-Herd: 225 °C/ Umluft: 200 °C/Gas: Stufe 4. Koch 600 ml Wasser und 1 TL Salz in einem Topf auf. Zieh ihn vom Herd, rühre die Kartoffelflocken kurz ein. Gib 4 EL Butter darauf, damit sie schmilzt. Lass die Stampfkartoffeln 1–2 Minuten stehen.

2 Streich eine Auflaufform mit etwas Butter aus. Gieß die kalte Milch zu den Stampfkartoffeln und rühre sie nur kurz darunter. Füll die Stampfkartoffeln in die Auflaufform.

3 Schäl die Bananen und schneid sie in der Mitte durch. Halbiere die Schinken- und Käsescheiben evtl. der Länge nach. Leg je ½ Schinkenscheibe auf ½ Käsescheibe, roll dann eine Bananenhälfte ein und leg sie auf die Stampfkartoffeln.

4 Stell den Auflauf in den heißen Backofen und backe ihn ca. 15 Minuten. Steck zuletzt das Salatblatt auf den Holzspieß und steck es dann als Segel in den Auflauf.

SO VIEL ZEIT BRAUCHST DU:
ca. 40 Minuten

Spaghetti-Muffins

DIESE ZUTATEN BRAUCHST DU FÜR 4 PERSONEN

- Salz
- Fett fürs Muffinblech
- 100 g gekochten Schinken
- 200 g Spaghetti
- 200 ml + 3 EL Milch
- 4 Eier (Gr. M)
- Pfeffer
- 150 g TK-Erbsen
- 50 g geriebenen Gouda
- 250 g Speisequark (20 % Fett)
- 4 Stiele Petersilie
- ½ Bund Schnittlauch
- evtl. Salatblätter zum Garnieren

TIPP Verwende eine Schere, um den Schnittlauch in kleine Röllchen zu schneiden.

1 Koch gut 2 l Wasser mit 1 TL Salz im großen Topf auf. Fette 8 Mulden eines Muffinbleches. Schneid den Schinken in feine Würfel. Schieb die Spaghetti am Topfrand entlang zur Hälfte ins kochende Salzwasser und drück dann den Rest hinein. Gare die Nudeln ohne Deckel ca. 10 Minuten. Heize den Ofen vor: E-Herd: 200 °C/ Umluft: 175 °C/Gas: Stufe 3.

2 Gib 200 ml Milch und Eier in einen Rührbecher und verquirle sie mit einem Schneebesen. Würze die Eiermilch kräftig mit Salz und Pfeffer. Gieß die Spaghetti in ein Sieb und lass sie gut abtropfen. Mische sie in einer Schüssel mit Schinkenwürfeln und Erbsen.

3 Verteile die Spaghetti in die gefetteten Mulden des Muffinblechs, roll sie dabei mit Hilfe von Esslöffel und Gabel nestartig auf. Gieß die Eiermilch darüber und streu den Käse darauf. Schieb die Spaghetti-Muffins in den Ofen und backe sie ca. 20 Minuten, bis die Eiermilch gestockt und der Käse goldgelb geschmolzen ist.

4 Verrühre Quark und 3 EL Milch, schmeck ihn mit Salz und Pfeffer ab. Wasch die Kräuter. Hack Petersilie, schneid Schnittlauch in Röllchen und rühre beides unter den Quark. Nimm die Muffins aus dem Ofen, lass sie etwas abkühlen. Heb sie aus der Form und richte sie mit Salat und etwas Quark an. Außerdem passt dazu Ketchup.

SO VIEL ZEIT BRAUCHST DU:
ZUBEREITUNG ca. 40 Min.
BACKZEIT ca. 20 Min.

Süße Leckereien

Schleckermäulchen aufgepasst!

Apfel-Schmarren mit Nuss-Nougat-Creme

DIESE ZUTATEN BRAUCHST DU FÜR 4 PERSONEN

- 3 Eier
- 150 g Mehl
- 1 Msp. Backpulver
- 1 Päckchen Vanillin-Zucker
- Salz
- 150 ml + 2 EL Milch
- 2 große Äpfel
- 2 TL Zitronensaft
- 2 EL Butterschmalz
- 2 EL Zucker
- 2 EL Nutella
- Puderzucker zum Bestäuben

TIPP Probier den Schmarren doch mal mit klein geschnittenen Birnen oder Aprikosen aus. Außerdem kannst Du noch 2–3 EL Rosinen unter den Teig mischen.

1 Gib für den Pfannkuchenteig Eier, Mehl, Backpulver, Vanillin-Zucker und 1 Prise Salz in eine Rührschüssel. Verrühre alles mit den Schneebesen des Handrührgerätes so lange, bis sich alle Klümpchen gelöst haben. Gieß dann 150 ml Milch unter Rühren nach und nach dazu. Lass den Teig anschließend ca. 10 Minuten quellen.

2 Schäl inzwischen die Äpfel. Viertel sie und schneid die Kerngehäuse heraus. Schneid die Apfelviertel in kleine Würfel und beträufel sie sofort mit Zitronensaft, damit sie nicht braun werden. Erhitze 1 EL Butterschmalz in einer großen Pfanne. Verteile mit einer Kelle die Hälfte des Teiges gleichmäßig in der Pfanne. Streu die Hälfte der Äpfel auf den Teig.

3 Backe den Pfannkuchen bei mittlerer Hitze 3–4 Minuten, bis er von unten schon etwas braun wird. Teile ihn in Viertel. Wende die Viertel mit dem Pfannenwender und backe sie ca. 2 Minuten weiter. Zerreiß die Viertel mit 2 Pfannenwendern in grobe Stücke. Streu 1 EL Zucker darüber und brate alles goldgelb. Stell den Schmarren im Backofen warm.

4 Backe im übrigen Butterschmalz aus dem Rest noch einen Schmarren, stell ihn ebenfalls warm. Verrühre Nuss-Nougat-Creme und 2 EL Milch (wenn sich das Nutella nicht auflöst, muss du es in einem Topf etwas erwärmen). Verteile die Schmarren auf 4 Teller und klecksel flüssiges Nutella mit einem Löffel darüber. Bestäube anschließend alles mit Puderzucker.

SO VIEL ZEIT BRAUCHST DU:
ca. 50 Minuten

Pfannkuchen-Turm mit Erdbeerquark

DIESE ZUTATEN BRAUCHST DU
FÜR 4 PERSONEN

- 500 g Erdbeeren
- 4 EL Zucker
- 500 g Magerquark
- 3 EL + ¼ l Milch
- 2 Päckchen Vanillin-Zucker
- 125 g Schlagsahne
- 2 Eier (Gr. M)
- Salz
- 200 g Mehl
- ½ Päckchen Backpulver
- 3 EL Öl
- evtl. Schokoraspel, Melisse und Puderzucker zum Verzieren

TIPP Zum Warmhalten der Pfannkuchen stelle Sie auf einem Teller in den Backofen bei 50°C.

1 Wasch die Erdbeeren und putze sie. Schneid sie in Scheiben und mische sie mit 2 EL Zucker. Verrühre Quark, 3 EL Milch und Vanillin-Zucker. Schlag die Sahne im hohen Rührbecher steif und heb sie unter den Quark. Stell den Quark in den Kühlschrank.

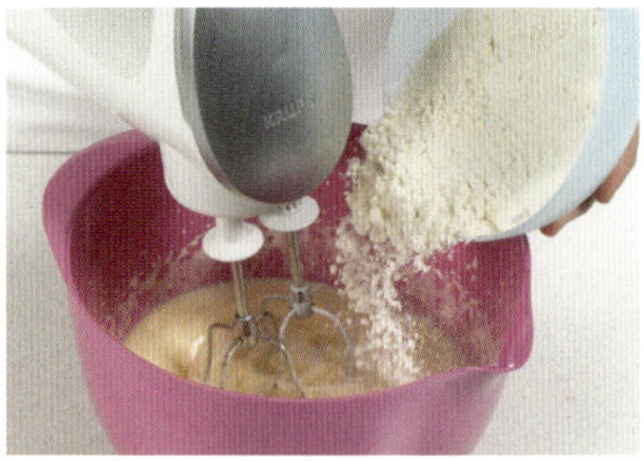

2 Gib Eier, 2 EL Zucker und 1 Prise Salz in eine Rührschüssel und schlag alles mit den Schneebesen des Handrührgerätes 3–5 Minuten schaumig. Rühre dann ¼ l Milch darunter. Mische Mehl und Backpulver und rühre es darunter.

3 Erhitze 1 EL Öl in einer großen beschichteten Pfanne. Gib mit einer kleinen Schöpfkelle 4 Teigkleckse hinein. Backe sie von jeder Seite 2–3 Minuten zu goldgelben Pfannkuchen. Nimm sie aus der Pfanne, stell sie warm. Backe aus dem Rest Öl und Teig 8 weitere Pfannkuchen.

4 Heb die Hälfte Erdbeeren unter den Quark. Leg je 1 Pfannkuchen auf 4 Teller. Verteile nacheinander etwas Quark, je 1 Pfannkuchen darauf, den übrigen Quark und noch je 1 Pfannkuchen. Verziere die Türme mit Schokoraspeln und Melisse. Bestäube sie mit Puderzucker. Serviere die übrigen Erdbeeren dazu.

SO VIEL ZEIT BRAUCHST DU:
ca. 1 Stunde

Milchreis mit Kirschen

DIESE ZUTATEN BRAUCHST DU
FÜR 4 PERSONEN

- 500 g frische Sauerkirschen +
  ¼ l Kirschsaft oder
  1 Glas (720 ml) Kirschen
- 1–6 EL Zucker • 1 TL Zitronensaft
- 2 EL Puddingpulver „Vanille“ (zum Kochen)
- 1 l Milch • Salz
- 200 g Milchreis
- Zucker und Zimt zum Bestreuen

1 Wasch die Kirschen und zupf die Stiele ab. Entsteine sie mit dem Kirschentsteiner oder ritz sie ein, löse die Steine heraus. Koch sie mit 4 EL Zucker, Kirsch- und Zitronensaft auf, köchel alles 2 Minuten. Oder koch die Kirschen aus dem Glas samt Saft und Zitronensaft (ohne 4 EL Zucker) kurz auf.

2 Rühre Puddingpulver und 3 EL kaltes Wasser glatt. Rühre es dann unter die Kirschen, koch alles nochmals auf und köchel es unter ständigem Rühren ca. 1 Minute. Lass das Kompott danach abkühlen.

3 Koch Milch und 1 Prise Salz in einem weiten Topf auf. Rühre den Milchreis hinein und lass ihn zugedeckt bei schwacher Hitze ca. 35 Minuten ausquellen. Rühre ihn dabei immer wieder um.

4 Schmeck den Milchreis zum Schluss mit 1–2 EL Zucker ab. Füll ihn in 4 Schälchen und verteile etwas Kompott darum. Mische Zucker mit etwas Zimt und bestreue den Milchreis damit. Reiche das übrige Kompott dazu.

SO VIEL ZEIT BRAUCHST DU:
ca. 1 ¼ Stunden

Apfelmus mit Knusper-Krokant

DIESE ZUTATEN BRAUCHST DU FÜR 4 PERSONEN

- 1,25 kg säuerliche Äpfel
- Saft von ½ Zitrone
- 2 Päckchen Vanillin-Zucker
- 150 ml Apfelsaft
- 6 gehäufte EL kernige Haferflocken
- 2–3 gehäufte EL Zucker
- Öl für den Teller
- 250 g Vollmilch-Joghurt
- evtl. Minze zum Verzieren

1 Wasch 1 Apfel und schäl ein möglichst langes Stück Schale ab. Stich mit einem kleinen Ausstecher daraus 4 Herzen aus und wende sie in 1 TL Zitronensaft. Schäl alle Äpfel, viertel sie und schneid die Kerngehäuse aus. Schneid dann die Apfelviertel in Würfel.

2 Gib die Apfelwürfel mit Vanillin-Zucker, Apfel- und übrigem Zitronensaft in einen Topf. Lass alles zugedeckt aufkochen und dann bei schwacher Hitze ca. 8 Minuten köcheln, bis die Äpfel weich, aber noch stückig sind. Lass das Mus auskühlen, rühre zwischendurch öfter um.

3 Streu die Haferflocken in eine trockene Pfanne und röste sie bei mittlerer Hitze goldbraun. Streu den Zucker darüber und lass ihn goldgelb schmelzen. Vorsicht: Er wird sehr heiß! Verteile den Haferflocken-Krokant sofort auf einen leicht mit Öl bestrichenen flachen Teller und lass ihn abkühlen.

4 Zerbröckel den Krokant in kleine Stücke. Gib erst das Apfelmus in 4 tiefe Teller, verteile den Joghurt darauf und streu zuletzt die Krokantstückchen darüber. Verziere das Apfelmus mit den Apfelherzen und ein paar Minzblättchen.

SO VIEL ZEIT BRAUCHST DU:
ZUBEREITUNG ca. 1 ¼ Std.
AB-/AUSKÜHLZEIT ca. 2 Std.

Erdbeer-Joghurt-Shake

DIESE ZUTATEN BRAUCHST DU FÜR 4 GLÄSER

- 500 g kleine Erdbeeren
- ½ Beutel (50 g) Kuchenglasur „Vollmilch“
- 500 g Vollmilch-Joghurt
- ⅛ l Milch
- 5 gestrichene EL Zucker oder flüssigen Honig
- Kakao zum Bestäuben
- evtl. Melisse zum Verzieren
- Backpapier
- 4 Holzspieße

TIPP Die übrige Glasur kannst du kalt werden lassen und anderweitig verwenden.

1 Wasche die Erdbeeren kurz in kaltem Wasser und lass sie in einem Sieb abtropfen. Schneid die Kelchblätter knapp über den Erdbeeren ab. Falls die Erdbeeren braune Stellen haben, schneid sie mit dem Messer großzügig weg. Stell den Beutel Kuchenglasur ca. 10 Minuten in heißes Wasser, damit die Glasur flüssig wird.

2 Leg ein Stück Backpapier auf die Arbeitsfläche und stell ein Kuchengitter darauf. Leg 12 Erdbeeren darauf. Schneid eine kleine Ecke vom Glasurbeutel ab und ziehe die Glasur in Streifen über die 12 Erdbeeren. Lass die Glasur ca. 30 Minuten trocknen.

3 Gib die restlichen Erdbeeren in eine Rührschüssel. Füge Joghurt, Milch und Zucker hinzu. Püriere alles mit einem Stabmixer so lange, bis es fein und etwas schaumig ist.

4 Steck je 2–3 Schoko-Erdbeeren auf einen Holzpieß. Gieß den Erdbeer-Joghurt-Shake in 4 große Gläser (à ca. ¼ l Inhalt) und bestäube ihn mit etwas Kakao. Gib die Erdbeerspieße und Trinkhalme in die Gläser und verziere die Shakes mit Melisseblättchen. Serviere die übrigen Erdbeeren dazu.

SO VIEL ZEIT BRAUCHST DU:
ZUBEREITUNG ca. 45 Min.
TROCKENZEIT ca. 50 Min.

Kirsch-Wackelpeter

DIESE ZUTATEN BRAUCHST DU FÜR 4 BECHER (À CA. 250 ML)

- **200 g frische Süß- oder 1 Glas (370 ml) Kirschen**
- **1 Beutel Götterspeise-Pulver „Kirsch“ oder „Himbeer“ (für ½ l Wasser; kein Instant-Produkt)**
- **100 g Zucker**
- **150–200 g Vanille-Joghurt**
- **evtl. Mini-Smarties und Minze zum Verzieren**

1 Wasch die Süßkirschen, lass sie in einem Sieb abtropfen. Leg 4 „Zwillings-“ oder einzelne Kirschen mit Stiel beiseite. Zupf bei den anderen Kirschen die Stiele ab. Entsteine sie mit einem Kirschentsteiner oder ritz sie mit dem Messer ein und löse die Steine heraus. Lass die Kirschen aus dem Glas abtropfen und fang den Saft zum Trinken auf.

2 Verteile die Kirschen in 4 Plastikbecher (à ca. 250 ml Inhalt), Gläser oder in eine Schüssel. Mische Götterspeise-Pulver und Zucker in einem kleinen Kochtopf. Gieß dann ½ l kaltes Wasser dazu und rühre alles glatt.

3 Erhitze die Flüssigkeit unter ständigem Rühren, bis sich alles gelöst hat (bloß nicht kochen, sonst wird die Flüssigkeit später nicht fest!). Füll die Götterspeise auf die Kirschen. Das geht prima, wenn Du sie erst in ein Litermaß gießt. Lass alles auskühlen.

4 Stell dann den Wackelpeter mindestens 5 Stunden in den Kühlschrank, damit er schön fest wird. Gib vorm Servieren je 1–2 EL Joghurt darauf und streu die Schokolinsen darüber. Verziere die Becher mit den übrigen Kirschen und mit Minze.

TIPP Magst Du es lieber sahnig? Dann tausche den Vanille-Joghurt gegen geschlagene Sahne aus. Noch einfacher ist es, wenn Du Sprühsahne verwendest.

SO VIEL ZEIT BRAUCHST DU:
ZUBEREITUNG ca. 40 Min.
AUSKÜHLZEIT ca. 30 Min.
KÜHLZEIT mind. 5 Std.

Backstube

Hier ist Naschen erlaubt!

Süße Glücksschweinchen

DIESE ZUTATEN BRAUCHST DU FÜR 4 STÜCK

- 150 g Magerquark
- 7 EL Milch
- 6 EL Öl
- 75 g Zucker
- 1 Päckchen Vanillin-Zucker
- Salz
- 300 g + etwas Mehl
- 1 Päckchen Backpulver
- 100 g Marzipan-Rohmasse
- 4 EL Aprikosen-Konfitüre
- 1 Ei
- 8 Haselnusskerne
- Backpapier

TIPP Probiere doch mal eine andere Füllung aus, z.B. etwas Nuss-Nougat-Creme mit gehackten Nüssen.

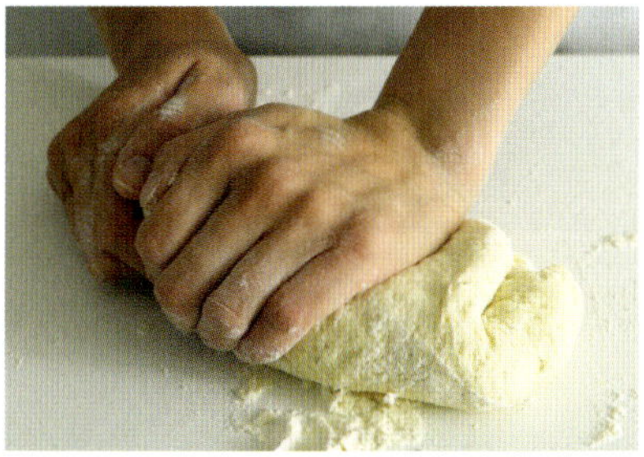

1 Verrühre Quark, 6 EL Milch, Öl, Zucker, Vanillin-Zucker und 1 Prise Salz mit den Schneebesen des Handrührgerätes. Mische 300 g Mehl und Backpulver. Rühre die Hälfte davon unter die Quarkmasse. Knete das restliche Mehl mit den Knethaken des Handrührgerätes darunter. Verknete den Teig dann kurz mit den Händen, damit er schön glatt wird.

2 Roll den Teig auf etwas Mehl ca. 3 mm dick aus. Stech für die Köpfe 8 Kreise (à ca. 13 cm Ø) und für die Schnauzen 4 Kreise (à ca. 5 cm Ø) aus. Knete die Teigreste dabei immer wieder zusammen und roll sie aus. Stech aus den Schnauzen mit einer großen Lochtülle Nasenlöcher (ca. 1 cm Ø) aus. Schneid aus dem Teig 8 ovale Ohren (ca. 6 cm breit und 8 cm lang) aus.

3 Heize den Ofen vor: E-Herd: 175 °C/Umluft: 150 °C/Gas: Stufe 2. Schneid das Marzipan in Würfel. Leg ein Backblech mit Backpapier aus und leg 4 große Teigkreise darauf. Streich auf die Mitte der Kreise je 1 EL Konfitüre und verteile die Marzipanwürfel darauf. Trenn das Ei. Verschlag das Eiweiß mit einer Gabel. Verquirle das Eigelb mit 1 EL Milch ebenso.

4 Bestreich die belegten Kreise am Rand mit dem Eiweiß. Leg jeweils einen 2. großen Kreis darauf und drück die Ränder gut an. Kleb mit Eiweiß die Schnauzen, Ohren und Nüsse als Augen darauf. Knick die Ohren dabei evtl. um und drück die Augen gut in den Teig. Bestreich die Schweinchen mit dem Eigelb. Backe sie ca. 20 Minuten. Lass sie auskühlen.

SO VIEL ZEIT BRAUCHST DU:
ZUBEREITUNG ca. 50 Min.
BACKZEIT ca. 20 Min.
AUSKÜHLZEIT ca. 2 Std.

Frühstückshörnchen

DIESE ZUTATEN BRAUCHST DU FÜR 14 STÜCK

- Mehl für die Arbeitsfläche
- 1 Packung (400 g) frischen Croissant- & Plunderteig (Kühlregal; ca. 25 x 37 cm)
- 2 dünne Scheiben gek. Schinken
- 5 dünne Scheiben Gouda
- 6 gehäufte TL Nuss-Nougat-Creme
- 1 Ei
- Backpapier

1 Bestreue die Arbeitsfläche mit Mehl. Pack den Teig aus, leg ihn aufs Mehl, schneid ihn längs durch. Roll jede Teigplatte etwas breiter aus. Schneid sie so in je 7 Dreiecke (ca. 9 cm breit), dass die breite Seite abwechselnd mal oben und mal unten ist. Stell den Ofen an: E-Herd: 175 °C/ Umluft: 150 °C/Gas: Stufe 2. Viertel die Schinkenscheiben. Halbiere die Käsescheiben.

2 Leg ein Backblech mit Backpapier aus. Leg auf 8 Dreiecke je 1 Käse- und 1 Schinkenscheibe. Roll die Dreiecke dann von der breiten Seite zur Spitze hin auf und leg sie aufs Blech. Gib je 1 TL Nuss-Nougat-Creme auf die breite Seite der 6 übrigen Dreiecke. Roll sie von dieser Seite zur Spitze hin auf und leg sie aufs Blech. Verquirle das Ei und bestreich alle Hörnchen damit.

3 Schneid den restlichen Käse in Streifen und verteile diese auf den Schinken-Käse-Hörnchen. Backe die Hörnchen 15–20 Minuten. Lass sie etwas abkühlen.

SO VIEL ZEIT BRAUCHST DU:
ZUBEREITUNG ca. 45 Min.
BACKZEIT 15–20 Min.

Süße Glückskäfer

DIESE ZUTATEN BRAUCHST DU FÜR 12 KÄFER

- Fett und Mehl fürs Muffinblech
- 3 Eier (Gr. M)
- 200 g Zucker
- 3 Päckchen Vanillin-Zucker
- Salz • 175 ml Öl
- 100 g + 350 g Schlagsahne
- 300 g Mehl
- 1 Päckchen Backpulver
- 125 g Puderzucker
- 1–2 EL Zitronensaft
- rote Speisefarbe
- Smarties und bunte Zuckerperlen zum Verzieren
- 1 Päckchen Sahnefestiger
- 12 „Mikado-Sticks“
- 1 kleinen Gefrierbeutel

1 Heize den Ofen vor: E-Herd: 175 °C/Umluft: 150 °C/Gas: Stufe 2. Fette die Mulden eines Muffinblechs (f. 12 Stück), stäub sie mit Mehl aus. Gib Eier, Zucker, 1 Vanillin-Zucker, 1 Prise Salz, Öl und 100 g Sahne in eine Schüssel. Verrühre alles mit dem Handrührgerät. Mische Mehl und Backpulver und rühre es kurz darunter. Füll den Teig in die Mulden des Muffinblechs.

2 Backe die Muffins im Ofen ca. 25 Minuten. Nimm das Muffinblech aus dem Ofen und lass die Muffins ca. 10 Minuten darin abkühlen. Stürz sie aus den Mulden und lass sie auskühlen. Schneid von den Muffins je einen Deckel ab. Schneid jeden Deckel in einen ovalen Kopf und 2 Flügel.

3 Verrühre Puderzucker und Zitronensaft. Füll 1 EL davon in einen kleinen Gefrierbeutel. Rühre den übrigen Guss mit 1–2 TL Wasser dünner und färbe ihn mit der roten Speisefarbe. Bestreich die Flügel damit. Schneid vom Beutel unten 1 kleine Ecke ab, spritz mit dem Guss Gesichter auf die Köpfe. Verziere alles mit Smarties und Perlen und lass es trocknen.

4 Schlag 350 g Sahne mit den Schneebesen des Handrührgerätes steif und lass dabei Sahnefestiger und 2 Vanillin-Zucker einrieseln. Gib mit einem Esslöffel je 1 dicken Klecks Sahne auf die Muffins. Setz Köpfe und Flügel darauf und stell die Flügel dabei etwas hoch. Halbiere die Sticks und steck je 2 als Fühler in die Käfer.

SO VIEL ZEIT BRAUCHST DU:
ZUBEREITUNG ca. 1 Std.
BACKZEIT 20–25 Min.
AUSKÜHL-/TROCKENZEIT ca. 1½ Std.

Gefüllte Sahne-Herzen

DIESE ZUTATEN BRAUCHST DU FÜR 5–6 GEFÜLLTE HERZEN

- 100 g weiche Butter/Margarine
- 100 g Zucker
- 1 Päckchen Vanillin-Zucker
- Salz
- 3 Eier (Gr. M)
- 250 g Mehl
- 1 Päckchen Puddingpulver „Vanille" (zum Kochen; für ½ l Milch)
- 3 gestrichene TL Backpulver
- 3 EL Milch
- 1 reife Kiwi
- 100 g Erdbeeren
- ½ Dose (314 ml) Mandarinen
- 1 Dose (250 ml) Sprühsahne
- evtl. Schokoherzen und Zuckerstreusel zum Verzieren
- unbedrucktes Backpapier

TIPP Du kannst den Teig auch gut in einer Herz-Muffin-Form backen.

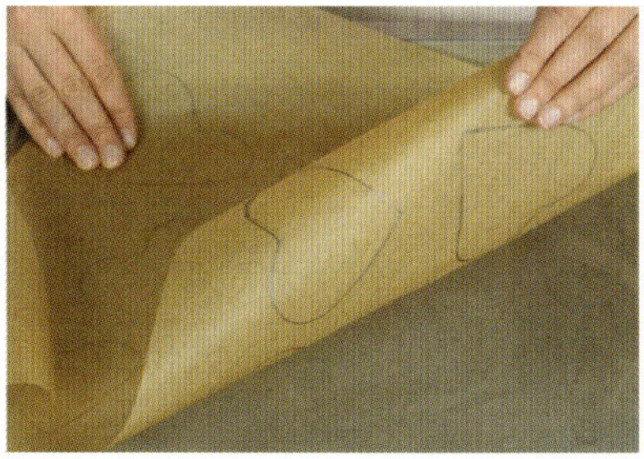

1 Heize den Ofen vor: E-Herd: 200 °C/Umluft: 175 °C/Gas: Stufe 3. Reiß Backpapier in Größe eines Backbleches ab. Leg einen Herz-Ausstecher oder eine -Schablone (ca. 8 cm Ø) darauf und zeichne mit einem Stift mit genügend Abstand (der Teig geht auf!) 10–12 Herzen nach. Leg das Papier so aufs Blech, dass die Seite mit den Herzen unten liegt und die Herzen durchs Papier hindurchscheinen.

2 Rühre Fett, Zucker, Vanillin-Zucker und 1 Prise Salz mit den Schneebesen des Handrührgerätes cremig, rühre die Eier einzeln darunter. Mische Mehl, Puddingpulver und Backpulver. Rühre es im Wechsel mit der Milch portionsweise kurz unter. Füll den Teig in einen Spritzbeutel mit großer Lochtülle, spritz die vorgezeichneten Herzen damit aus.

3 Schieb das Blech auf die 2. Schiene von unten in den Ofen und backe die Herzen ca. 12 Minuten. Lass sie auf einem Kuchengitter auskühlen. Schäl die Kiwi. Wasch und putze die Erdbeeren. Schneid beides in Scheiben. Lass die Mandarinen auf einem Sieb abtropfen. Schüttel die Sahne-Dose und bespritz die flache Seite von 5–6 Herzen mit Sahne.

4 Leg die übrigen Herzen mit der flachen Seite darauf. Spritz kleine Sahnetuffs auf die gefüllten Herzen und beleg sie mit Mandarinen, Erdbeer- und Kiwischeiben. Verziere sie mit Schokoherzen und Zuckerstreuseln und setz sie auf eine Platte.

SO VIEL ZEIT BRAUCHST DU: ca. 1 Stunde
BACKZEIT ca. 12 Minuten

Für Mama

Süße Aprikosen-Eier

DIESE ZUTATEN BRAUCHST DU FÜR 8 STÜCK

- ½ l + 5 EL Milch
- 2 EL + 75 g Zucker
- 1 Päckchen Puddingpulver „Vanille“ (zum Kochen; für ½ l Milch)
- 300 g + etwas Mehl
- 1 Päckchen Backpulver
- 1 Päckchen Vanillin-Zucker
- Salz • 150 g Magerquark
- 6 EL Öl • 1 Ei (Gr. M)
- 8 Aprikosenhälften (Dose)
- Puderzucker zum Bestäuben
- Backpapier

TIPPS Wenn du was vom Pudding übrig hast, kannst du ihn ganz schnell vernaschen.
Die Aprikosen-Eier schmecken natürlich nicht nur an Ostern.
Tausche die Aprikosen auch mal gegen andere Früchte, wie z.B. Kirschen oder Erdbeeren aus. Ganz nach deinem Geschmack.

1 Verrühr ½ Tasse Milch, 2 EL Zucker und Puddingpulver. Koch den Rest vom ½ l Milch auf und rühr das angerührte Puddingpulver ein. Lass es unter Rühren ca. 1 Minute köcheln. Zieh den Topf vom Herd. Heiz den Backofen vor: E-Herd: 200 °C/Umluft: 175 °C/ Gas: Stufe 3.

2 Leg 1 Backblech mit Backpapier aus. Misch 300 g Mehl, Backpulver, 75 g Zucker, Vanillin-Zucker und 1 Prise Salz in einer Rührschüssel. Gib Quark, 5 EL Milch, Öl und Ei dazu und verknete dann alles mit den Knethaken des Handrührgerätes zu einem glatten Teig.

3 Form den Teig auf etwas Mehl zur Rolle und schneide sie in 8 gleich große Stücke. Leg sie auf das Backblech und drück sie mit leicht bemehlten Händen etwas flacher. Drück in die Mitte eine kleine Mulde. Rühr den Pudding mit dem Schneebesen noch mal durch und gib je 1 großen EL in die Mulden.

4 Setz je 1 Aprikosenhälfte auf den Pudding und backe die Eier 18–20 Minuten. Lass sie auskühlen und bestäube sie mit Puderzucker.

SO VIEL ZEIT BRAUCHST DU:
ca. 1 ¼ Stunden
BACKZEIT ca. 18–20 Min.
AUSKÜHLZEIT ca. 1 Std.

Stutenkerl & Stutenfrau

DIESE ZUTATEN BRAUCHST DU FÜR 1 MANN & 1 FRAU

- 175 g Magerquark
- 6 EL + 1 TL Milch
- 6 EL Öl • 75 g Zucker
- 1 Päckchen Vanillin-Zucker
- Salz • 300 g Mehl
- 1 Päckchen Backpulver
- 1 Ei (Gr. M)
- Rosinen, Pistazien- und Mandelkerne (ohne Haut)
- 80 g Marzipan-Rohmasse
- 1 EL + etwas Puderzucker
- je 1 Tube rote, braune und weiße Zuckerschrift
- Backpapier
- 1 Mini-Kochlöffel und 1 Mini-Teigrolle zum Dekorieren

TIPP Den Mini-Kochlöffel und die Mini-Teigrolle kannst du in einem Bastelgeschäft kaufen. Wenn du Lust hast, kannst du diese auch selbst basteln, z.B. aus Salzteig.

1 Verrühre zuerst Quark, 6 EL Milch, Öl, Zucker, Vanillin-Zucker und 1 Prise Salz. Misch Mehl und Backpulver, füg es zu und verknete alles mit den Knethaken des Handrührgerätes zum glatten Teig. Halbier ihn und nimm jeweils ⅓ ab. Form ein großes Stück zum Rechteck (15 x 20 cm) und schneide es bis zur Mitte ein. Form daraus den Körper mit Beinen.

2 Drück nun das 2. große Teigstück zum Rechteck (15 x 15 cm) und form daraus Oberkörper und Rock. Knete den übrigen Teig zusammen und form daraus 2 Köpfe, 4 Arme, 2 Beine und 2 Zöpfe. Heiz den Ofen vor: E-Herd: 175 °C/ Umluft: 150 °C/Gas: Stufe 2 und leg ein Backblech mit Backpapier aus. Setz die Teile darauf zu Mann und Frau zusammen.

3 Trenn das Ei und verquirl das Eiweiß. Kleb die angesetzten Teile an den Nahtstellen mit etwas Eiweiß zusammen und drück alles gut an. Verquirl Eigelb und 1 TL Milch und bestreich beide Figuren damit. Drück Rosinen, Pistazien und Mandeln als Augen, Nasen, Knöpfe, Kette, Fliege und Bordüre in die Figuren. Backe sie ca. 25 Minuten und lass sie auskühlen.

4 Raspel das Marzipan grob, verknete es mit 1 EL Puderzucker und roll es dann auf etwas Puderzucker zum Rechteck (12 x 16 cm) aus. Halbier es quer und form 2 Kochmützen daraus. Verziere Stutenfrau und -kerl mit Zuckerschrift. Kleb die Kochmützen damit auf die Köpfe, drück sie etwas an und lass alles gut trocknen. Steck Kochlöffel und Teigrolle hinein.

SO VIEL ZEIT BRAUCHST DU:
ca. 1 ¼ Stunde
BACKZEIT ca. 25 Min.
AUSKÜHLZEIT ca. 45 Min.

Süßer Christmas-Express

DIESE ZUTATEN BRAUCHST DU FÜR 1 WEIHNACHTSZUG

- etwas + 150 g weiche Butter/Margarine
- 150 g Zucker
- abgeriebene Schale und 1 EL Saft von ½ Bio-Zitrone
- Salz
- 3 Eier + 1 Eiweiß (Gr. M)
- 200 g Mehl
- 30 g gemahlene Mandeln
- 1 gehäuften TL Backpulver
- 250 g + etwas Puderzucker
- Süßigkeiten zum Verzieren (z. B. „Color-Rado", „Lakritz-Konfekt", Mini-Schaumküsse, „Smarties")

TIPP Besonders hübsch sieht es aus, wenn Du den Zug auf einer Schiene „fahren" lässt. Dazu nimmst Du 2 aufgerollte Lakritzrollen als Schienen sowie schwarzes Lakritzkonfekt als Schwellen.

1 Heize zuerst den Backofen vor: E-Herd: 175 °C/Umluft: 150 °C/ Gas: Stufe 2. Fette eine Springform (26 cm Ø). Rühre 150 g Fett, Zucker, Zitronenschale und 1 Prise Salz mit den Schneebesen des Handrührgerätes cremig. Rühre 3 Eier einzeln darunter. Mische Mehl, Mandeln und Backpulver und rühre es portionsweise kurz darunter. Füll den Teig in die Form und streich ihn glatt. Backe ihn ca. 20 Minuten.

2 Nimm den Kuchen aus dem Ofen und lass ihn ca. 1 Stunde auskühlen. Löse ihn aus der Springform. Schneid die Rundungen so ab, dass du ein Quadrat erhältst (die abgeschnittenen „Ecken" darfst du naschen). Schneid das Quadrat in 3 Streifen und halbiere sie jeweils. Halbiere ein Stück nochmals. Schneid ein großes Stück für die Lok an einem Ende spitz zu.

3 Schlag für den Zuckerguss in einem hohen Rührbecher 1 Eiweiß, 250 g Puderzucker und Zitronensaft dickcremig. Füll ihn in einen Spritzbeutel mit kleiner Lochtülle. Kleb ein kleines Stück als Führerhaus mit Zuckerguss auf die Lok. Kleb rundes „Lakritz-Konfekt" als Räder unter Lok, Kohlewagen (das übrige kleine Stück) und 4 Waggons. Nimm dabei gern mehrere Räder, damit alles mehr Halt hat.

4 Kleb mit dem Zuckerguss einen Mini-Schaumkuss als Schornstein, eckiges „Lakritz-Konfekt" als Pflug und „Smarties" als Fenster an die Lok. Verziere den Kohlewagen und die Waggons nach Belieben mit Zuckerguss und Süßigkeiten. Lass den Weihnachtszug ca. 5 Stunden trocknen. Bestäube ihn zum Schluss mit etwas Puderzucker.

SO VIEL ZEIT BRAUCHST DU:
ZUBEREITUNG ca. 1 ¾ Std.
BACKZEIT ca. 20 Min.
AUSKÜHLZEIT ca. 1 Std.
TROCKENZEIT ca. 5 Std.

Die **kochen & genießen** Produktfamilie auf einen Blick

kochen & genießen Die besten Rezepte

Mehr als 50 der besten Rezepte zu den beliebtesten Koch- und Backthemen im handlichen Kochbuchformat – von den Profis der Zeitschrift **kochen & genießen** ausgewählt und erprobt.

Partysalate
ISBN 978-3-8118-1080-8

Schnitzel
ISBN 978-3-86803-319-9

Käsekuchen
ISBN 978-3-86803-320-5

Weitere lieferbare Titel:

Asiatische Küche
ISBN: 978-3-8118-1917-7

Desserts
ISBN: 978-3-86803-137-9

Party-Hits aus dem Ofen
ISBN: 978-3-8118-2947-3

Schnelle Nudelgerichte
ISBN: 978-3-8118-1081-5

Spargel
ISBN: 978-3-8118-1916-0

20-Minuten-Pfannengerichte
ISBN 978-3-86803-428-8

Coole Torten aus dem Kühlschrank
ISBN 978-3-86803-427-1

Köstliche Sommer-Hits
ISBN 978-3-86803-466-0

Jeder Band
80 Seiten, Hardcover
durchgehend 4-farbig
Format 19,5 × 23,0 cm
€ 6,95 (D) / € 7,20 (A)

kochen & genießen **Basis-Bibliothek**

Die Basis-Kochbibliothek bietet auf fast 200 Seiten eine Riesenauswahl an tollen Rezepten rund ums Kochen und Backen. Alle Rezepte sind von der Redaktion **kochen & genießen** zusammengestellt und sorgfältig getestet.

Lieferbare Titel:

Backen
ISBN: 978-3-86803-401-1

Backen für Advent & Weihnachten
ISBN: 978-3-86803-402-8

Blechkuchen
ISBN: 978-3-86803-426-4

30-Minuten-Küche
ISBN: 978-3-927801-50-9

Die neue 30-Minuten-Küche
ISBN: 978-3-86803-437-0

Für Gäste
ISBN: 978-3-8118-1538-4

Italienische Küche
ISBN: 978-3-86803-441-7

Köstliche Kuchen & Torten
ISBN: 978-3-86803-257-4

Neue Ofen-Hits
ISBN: 978-3-86803-195-9

Neue Party-Hits
ISBN: 978-3-86803-438-7

Nudel-Hits
ISBN: 978-3-86803-403-5

Salate
ISBN: 978-3-86803-425-7

Torten-Hits
ISBN: 978-3-86803-258-1

304 Seiten, Hardcover mit zahlreichen Farbfotos, durchgehend 4-farbig, Großformat 21,0 × 28,0 cm
Sonderpreis zum Jubiläum: € 14,95 (D) / € 15,40 (A)

Überall erhältlich, wo es gute Bücher gibt!

MOEWIG